KB170961

선택하지 않을 자유

결혼과 비혼에 관한 새로운 태도

선택하지 않을 자유

이선배 지음

허밍버드
Hummingbird

행복한 삶을 위한
저마다의 해답 찾기

이 책을 처음 제안받은 때도, 이 글을 쓰는 지금도 결혼은 뜨거운 감자다.

열 살쯤 어린 후배가 "결혼을 생각하면 혼란스럽다"라고 한 적이 있다. 그녀의 말을 빌리면, "'결혼하지 않겠다'는 결정을 내린 건 아니지만 꼭 해야 하는 건지 모르겠어요. 어느새 나이가 훌쩍 들어 쓸쓸하지만, 그 이유만으로 서두르고 싶지 않아요"였다.

또 다른 지인은 연애도 계속할 것이고, 능력이 되면 아이도 낳고 싶지만 결혼은 분명히 하지 않겠다고 선언했다. 다른 사람들이 왈가왈부하기에는 이미 그녀의 계획대로 삶이 착착 진행되고 있다.

〈귀여운 여인〉, 〈해리가 샐리를 만났을 때〉, 〈노팅 힐〉 같은 로맨틱 코미디 영화들이 크게 흥행하고 그 결말이 행복한 결혼임을 순순히 받아들이던 시절도 있었는데 말이다. '눈치채 버렸다'고 밖에 할 수 없을 것이다. 로맨틱 코미디 속 결혼이라는 결말이 진실의 전부가 아니란 걸, 결혼 아닌 삶도 얼마든지 가능하다는 사실을 말이다.

페이스북, 인스타그램 등 SNS는 오지랖 넓은 '친척 어른'인 동시에 '드림캐처'다. '결혼 잘한' 것처럼 보이는 친구의 따스한 가정 풍경이 부럽고 왠지 모를 압박감을 받다가도, 결혼하지 않은 지인들이 올리는 맛있는 음식, 여행지의 풍경, 만나는 사람들을 들여다보며 '그래, 이런 삶도 행복이고 나도 잘하고 있어'라며 만족을 느끼기도 한다. 이렇게 여러 인생 사이에서 수많은 이가 고민한다.

10년 전만 해도 한국에서 '싱글'은 단순히 미혼, '솔로'는 연인이 없는 사람을 뜻했다. 그러나 이제 '싱글' 안에는 결혼하지 않겠다는 자발적 싱글(비혼)과 아직 안 한 비자발적 싱글(미혼), 이혼 후 혼자가 된 싱글, 싱글 맘(대디) 등 다양한 상황이 포함된다.

"결혼은 안 해도 되니 연애는 가능한 많이 하라"는 어느 어머니의 충고가 박수를 받거나, 비연애주의자도 자신들의 선택을 존중받기 위해 사회적으로 목소리를 높인다. 싱글이란 단어 하나로 뭉뚱그리기에는 저마다의 삶의 방식이 다르다.

프롤로그

이제 결혼은 인생의 필수 과정이 아닌 그 자체의 존폐로 화두가 되었다. 결혼하지 않는 삶에 대한 이야기가 매일같이 쏟아져 나오고 있다. '이렇게 변화해'라는 누군가의 명령이 있었던 것도 아닌데 어느 틈에 이미 우리 사회가 그렇게 되었다.

책이 논하고자 하는 내용은 이 지점부터다. '결혼을 선택하지 않을 자유'는 도깨비방망이가 뚝딱한 것처럼 이 시대에 던져졌다. '결혼추진운동본부'며 '저출산 대책 위원회' 등 다소 우스꽝스러운 정치·사회 단체들이 실제로 활동 중이지만 누구도 타인의 삶을 대신 살아 주거나 책임질 수 없다. 74억 인구가 존재하는 지구에서도 개개인의 삶은 대하 서사극과 같기 때문이다. 모든 싱글은 가족부터 국가까지 관여하는 거대한 오지랖을 뚫고, 어떤 삶을 살지 스스로 결정해야 한다.

결혼은 하는 게 좋을까? 안 하는 게 좋을까?, 나는 결혼에 어울리는 사람인가? 비혼이 어울리는 사람인가?, 다른 세상 싱글들은 어떻게 살고 있나? 내가 가고 있는 길은 과연 맞는 것일까?, 나는 어떤 사람일까?, 어떤 삶을, 누구와 함께해야 할까……?

철학자 칸트도 이 중 하나의 의문을 풀기 위해 7년을 보냈다(그는 청혼을 받고 결혼해도 될지를 무려 7년 동안 고민했다). 더구나 현대에는 혼란을 가중하는 수많은 왜곡과 선동이 있다. 이 모든 혼란 속에서도 우리는 행복한 삶을 위한 저마다의 해답을 찾아야 한다.

주변인의 눈으로 볼 때 '싱글처럼 사는' 나 역시 이 담론을 고민하는 한 사람으로, 이것들을 모으고 풀어내야겠다는 생각이 들었다. 만약 방황하고 있는 누군가가 길을 찾는 데 도움이 된다면 더할 나위 없는 기쁨이다.

　　이 책이 결혼과 비혼 사이, 그 무한한 선택과 자유에 대해 솔직하게 고민을 나누고 이야기할 수 있는 기회가 되면 좋겠다.

CONTENTS

PART 2 온전히 나로부터 시작하는 삶

PART 3 결혼과 비혼에 관한 새로운 태도

PART 1

결혼,
선택하거나
선택하지 않을
자유

결혼 없는 삶,
괜찮은 걸까?

○
○

패션 잡지라는 업계의 특수성 때문인지, 내 주위에는 싱글이 많다. 가끔 아이가 다 큰 동창들을 만나면 그들도 날 보고(철없음에) 놀라지만, 나도 그렇다. 언제 그렇게 하나같이 결혼했고, 애들을 낳았는지 싶다. 반면 같은 업계 여자들은 거의 다 싱글이며, 싱글 남도 꽤 있다.

사회에서 사귄 친구 K가 "몇 년 전에~" 하며 추억을 말하기에 최소 15년 전 일임을 알려 주자 화들짝 놀랐다. 그때나 지금이나 비슷한 일을 하고, 벌어지는 사건들도 고만고만(친구는 애인도 없었다)하니 몇 년 정도는 며칠처럼 지나간다.

"혼자 살겠다는 이야기가 아니야. 눈보다 마음에 불꽃이 튀는 운명적인 사람이어야 결혼할 가치가 있다는 말이지.

K가 화이트와인을 한 모금 들이켠 뒤 잔을 내려놓으며 말했다. 10여 년 전에도 같은 소리를 했고, 주위 사람들은 그녀가 독신주의자라 생각한 지 오래다.

"결혼은 몰라도 연애는 꾸준히 해야죠. 요즘 괜찮은 남자가 없어서 그렇지……."

연애 지상주의자인 후배 P에게 연애가 끊긴 건 벌써 5년 전이다. 마치 엊그제 일처럼 말하는 '구남친'에게 짜증 났던 사연도 실은 훨씬 오래전 이야기다.

"결혼 안 하더라도 그분들(열 살 정도 많은 싱글 지인들)처럼 되고 싶지 않아요. 난 꼭 멋지게 살 거야."

또 다른 후배 C가 결심을 다졌다.

이들은 여전히 혼자 지내고 있다. 큰 계기가 없는 한 앞으로도 그렇게 지낼 확률이 높아 보인다.

한국보건사회연구원이 2013년에 내놓은 〈혼인 동향 분석과 정책 과제〉 보고서에 따르면, 2010년의 연령대별 혼인율이 지속될 경우 20세 남성의 23.8%와 20세 여성의 18.9%는 45세가 돼도 미혼으로 남는다고 한다.

인구학에서는 45세까지 미혼인 사람을 '평생 미혼 인구'로 분류한다. 통계적으로 45세까지 결혼하지 않으면 계속하지 않을 확률이 급격히 높아지기 때문이라 한다. 남녀를 합치면 20대 초

선택하지 않을 자유

반 다섯 명 중 한 명은 평생 미혼 인구가 된다는 뜻이다.

내가 진짜로 원하는 삶은?

요즘은 '평생 싱글'도 괜찮다고 생각하는 사람이 늘었다. 반면 언젠가 누군가를 만나야지 마음먹는 사람, 계속 혼자 살 거라 생각하지 않는 사람, 어떻게든 결혼을 해야겠다는 사람도 은근히 많다.

그런데 자신이 진짜로 뭘 원하는지 잘 모르는 사람 또한 많다는 사실이 문제다.

혼자 있을 때 '평생 싱글'이란 말을 한 번 입 밖에 소리 내 보자. 마치 무인도에 갇힌 사람처럼 쓸쓸해지고 서글퍼진다면 '혼자인 삶'에 잘 적응하지 못할 가능성이 크다. 하지만 아무렇지 않고, 오히려 더 편안한 느낌이 든다면 싱글에 대한 거부감이나 두려움이 적다고 할 수 있다.

결혼해서 잘 살 사람, 잘 사는 방법을 다룬 이야기는 수없이 오가지만 '싱글 자질'에 대해서는 많은 사람이 간과한다. 많은 선배 싱글들의 사례를 보면, 미처 고민하지 않았던 '싱글로 잘 살기 위한 자질'이 얼마나 중요한지 알 수 있다.

우선 결과적으로 싱글 생활이 맞지 않았던 사례들을 보자.

나이 들수록 아이를 키우고 싶은 마음이 점점 커져 반려동물을 입양했지만 정작 잘 돌보지 못한 채 '애니멀 호더(animal hoarder; 동물의 수를 늘리는 데 집착하는 사람들)가 된 경우, 친척·친구 가리지 않고 시도 때도 없이 사생활 이야기를 늘어놓는 경우, 체력이 떨어져 일을 제대로 못 하는데 노후 대책이 없어 생활고에 허덕이는 경우 등 싱글 여생을 편치 않게 보내는 분들을 볼 수 있다. '설마 내가 그렇게 될까?' 싶겠지만 노화란 젊었을 때는 몰랐던 약점을 잔인하게 후벼 파는 악마다.

반면 20대부터 '빨리 결혼하고 싶다'라고 생각했지만 계획대로 안 된 싱글 중, 놀랄 만큼 정서적으로나 현실적으로 '모범 싱글'이 된 사례도 있다.

굉장히 전통적 사고방식을 지닌 M은 "남자가 미래 계획도 세우고, 자신 있게 추진할 줄 알아야"라고 주장하면서도 늘 성향이 그 반대인 남자들만 만나 갈등을 겪었다. 그 결과, '결혼 단념 선언'을 하게 되었다. 하지만 언제든 결혼 생활을 시작할 수 있도록 재테크와 살림에 꾸준히 관심을 가졌고, 40대가 되자 결혼 뒤 여러 문제에 허덕이는 친구들보다 훨씬 안정적으로 생활 기반을 다졌다.

M은 어느 날 친구들과 대화하다 이상형이 자기 자신이었다는 사실을 깨달았다.

"내가 원하던 사람이 '나'였어. 예전부터 이런 사람 좋아한다고 말하면 다들 '그거 너네' 해도 안 믿었는데……."

그러고는 '자신을 이끌어 줄 남자'는 필요치 않음을 인정했

선택하지 않을 자유

다. 어떤 남자든 마음에 들고 인연이 닿으면 만나고 그렇지 않으면 놓는 여유가 생겼다. 스스로의 삶을 더 사랑하고 충실해졌음은 물론이다.

사별을 겪은 B씨는 남편을 잃고 평생 하지 못했던 자기 계발에 눈떴다. 직업이 있어도 남편 저녁을 차려 주기 위해 부랴부랴 들어와야 하는 게 우리 할머니, 어머니 세대다. 남편이 죽자 슬픔을 추스르고 난 후 그녀는 자신이 하고 싶은 일을 찾아 나섰다. 여가가 생기면서 작문, 수화를 배웠고, 보육원 봉사에 눈을 떠 몇 년 만에 수많은 손자 손녀에 둘러싸인 할머니가 되었다. 남편을 떠나보낸 슬픔과는 별개로 혼자가 된 삶에 완벽하게 적응한 것이다.

'결혼해야 할 어떤 이유도 발견하지 못해서' 평생 싱글을 받아들인 남자 지인 C도 있다. 이건 '결혼하기 싫다'와는 엄밀히 다른 경우다. 독신 생각을 한 적도 없지만 왜 결혼해야 하는지를 몰라서 세월을 보내다 '안 하는 게 맞겠구나'라는 사실을 깨달은 사례다. 다행히 연애보다 더 중요한 취미와 그 취미를 지탱할 수입과 만난 사람들이 있으며, 스스로 의식주도 해결할 줄 알아 싱글로 잘 지내고 있다.

결혼 자질? 싱글 자질?

내가 결혼을 결심한 이유는 바보 같지만 '싱글로 살 자질이 부족해서'라고 할 수 있다. 일상생활을 하다 보면 싫어하는 일이나 익숙하지 않은 일들이 많다. 이것을 배우자가 함께해 주거나 대신해 주었으면 하는 기대가 컸다. 연인에게는 바랄 수 없는, 더 강제적이고 유기적인 팀워크가 필요했다.

배우 김가연 씨가 "남편은 게임만 잘하지 인터넷 뱅킹도 못해서 내가 해 줘야 한다"라고 폭로한 적이 있는데 임요환 씨 입장이 아주 잘 이해되었다. 나 역시 남편에게 '계좌 관리해 줘, 휴대폰 충전해 줘, 세금 신고해 줘, 잃어버린 물건 찾아 줘' 등 귀찮은 부탁을 끊임없이 하는데, 그는 늘 하던 일이기 때문에 부담이 없다고 한다. 대신 나는 중요한 결정이나 협상의 방향을 정하고, 스타일링, 쇼핑, 운동, 식이요법 같은 걸 지도해 주는(늘어놓고 보니 전부 잔소리지만) 등 그가 혼자 하기 어려워하는 일들을 도와준다.

그러나 평균보다 훨씬 독립적이고, 쉽게 외로움을 타지 않으며, 몰입할 일을 찾아서 하는 사람, 혼자서도 돈 관리·건강 관리·요리를 잘하고, 여러 교류에도 적당히 참석하는 사람이라면 굳이 법적 가족을 만들 필요는 없을 것이다.

따라서 자신이 싱글로 살 자질은 있는지, 평생 결혼하지 않는 삶을 살 수 있을지 진지한 성찰이 필요하다.

자신이 싱글로 살
자질은 있는지……
진지한 성찰이 필요하다.

결혼 제도,
득과 실을 따져라

나는 어릴 적부터 "결혼 안 할 거야"라는 말을 주문처럼 외우면서 컸다. 엄마가 시집살이를 한다고 생각해 결혼에 관한 인상이 좋지 않았고, 우리 집에 자주 놀러와 선물을 주던 먼 친척 고모의 독신도 영향이 컸다. 고모는 시대를 앞서간 '비혼주의자'였다.

"결혼을 왜 하니? 이렇게 마음대로 하고 살 수 있는데⋯⋯."

고모는 적극적으로 독신을 내세웠다. '화려한 싱글' 구호가 막 퍼지기 시작한 시기였다. 사업하며 여러 곳을 여행 다니고 언제나 예쁘게 화장한 고모가 멋져 보였다. 독신을 선언하면 나도 멋지게 달라질 것 같았다. 고등학생 때는 뜻을 같이한 친구들이 꽤 많아 장난삼아 '결혼 안 할 서클'도 만들었다. 그때는 몰랐지만 엄밀히 말해 비혼주의자 모임이었다.

결론부터 말하자면 나를 포함해 그 친구들은 지금 다 결혼했다. 오히려 주변 사람들에게 현모양처감으로 칭찬받던 친구들 중 비혼이 많다.

결혼에 관한 편견은 내려 둘 것

어느 날, 남편에게 말했다.

"당신은 지금까지 사귄 남자 중 가장 오랫동안 관계를 지속한 사람이야!"

컴퓨터 모니터를 들여다보던 남편이 대답했다.

"그거 알아? 너 나랑 결혼했어."

결혼한 지 8년이 넘었는데 아직도 그 사실이 잘 믿어지지 않는다. 심지어 오랜 친구들조차 말한다.

"진짜 대단하다. 난 네가 금방 이혼할 줄 알았는데……."

그만큼 나는 결혼이란 제도에 어울리지 않는 인간이며 아직도 결혼을 100% 이해하지 못한다. 첫날밤, 마스카라가 까마귀 발이 되도록 울었는데, 사람들은 내가 술에 취해서 또는 외국에서 살아야 하니 가족, 친구와 떨어지는 슬픔 때문에 울었다고 생각한다. 사실은 너무 큰일을 저질렀지만 돌이킬 수 없다는 절망을 느꼈다.

그런 내가 어떻게 결혼 생활을 하는지, 스스로도 신기하다.

동생은 자기가 영화 〈풍운〉 비디오를 빌려 오지 않았다면 내가 결혼하지 못했을 거라고 말한다. 1998년쯤 동생이 빌린 무협 영화 속에서 홍콩 배우 곽부성이 구릿빛 '식스팩'을 자랑하며 폭포 아래 물 맞는 광경을 보았다. 그 뒤 곽부성 콘서트를 보기 위해 홍콩에 자주 드나들기 시작했다. 최대한 그와 비슷한 사람을 만나야겠다고 굳게 결심했다. 회사에서도 이런 내 모습이 유별나 보였는지 "워크숍을 홍콩으로 하겠으니 예약부터 일정 짜는 모든 일을 담당해"라고 했다.

우리 부서는 홍콩으로 향했다. 그리고 당시 가장 인기 있다는 클럽에서 지금의 남편을 만났다. 만났다기보다 주위 춤추던 여러 남자 중 가장 덜 '비호감'이었다. 그 뒤로도 오랜 시간 '애매한 사이'였던 우리가 결혼한 건 처음 만나고 7년 후다.

재미없는 내 결혼 이야기를 하는 이유는 하나다. 나 같은 사람 역시 결혼할 수 있고, 유지도 한다는 것이다.

반면, 혼자 살 결심을 하고 남은 생을 보낼 집까지 장만했다가 마흔 줄에 출장지에서 만난 남자와 결혼한 사람, 아기와 요리, 남 챙겨 주는 일을 유난히 좋아하지만 쉰 살이 다 되도록 혼자 사는 사람 등 여러 가지 경우가 존재한다. 얄팍한 편견으로 결혼에 어울리거나 그렇지 않은 사람을 재단할 수 없는 것이다.

결혼 제도가 정말 필요할까

《제2의 성》,《위기의 여자》,《인간은 모두 죽는다》등 쉴 없이 명작을 저술한 작가이자 철학자, 급진적 페미니스트였던 시몬 드보부아르는 당대 최고의 실존주의 철학자인 장 폴 사르트르와 20세기 초에 '계약 결혼'을 감행해 더욱 유명해졌다.

그녀는 《제2의 성》에서 "여자는 결혼함으로써 세계의 작은 일부분을 영지(領地)로서 받는다. 법적 보증이 그녀를 남자의 자의(恣意)로부터 보호해 준다. 그러나 그 대신 여자는 남자의 가신(家臣)이 된다"라고 말한다. 여성이 독립한 인간으로 존재하기 어려웠던 당시, 사회 구조를 향한 극렬한 냉소가 엿보인다. 그들이 평생을 지속한 계약 결혼의 요점은 '서로의 정신을 온전히 결속시키되, 육체적 자유를 부여한다'는 것이다. 세부 조항으로는 서로를 찾을 때는 반드시 응할 것, 관계가 속박과 관습에 지배당하지 않도록 노력을 기울일 것, 거짓말하지 말고 비밀을 만들지 않을 것 등을 두었다. 따지고 보면 제도에 얽매이지 않을 뿐, 현대 결혼 주례사의 지향점과 크게 다를 바 없다. 또 배우자가 육체적으로 외도한 사실을 알았더라도, '정신적 외도가 아닌 스쳐 가는 바람'이라고 애써 자위하며 결혼을 지속하는 흔한 가정사와도 결과적으로 닮지 않았는가?

'짠돌이'인 남편은 만난 지 얼마 안 됐을 때는 내게 차 한 잔

흔쾌히 대접하지 않다가 연애 기간이 길어질수록 쓰는 금액이 커지더니 결혼 후에는 아까워하지 않는다. 이유를 물었더니 "결혼했으니 사랑한다"라는 것이다. 사랑하니까 결혼한 게 맞지 않냐고 따지니, 자긴 확실히 '내 사람'이 되어야 더 사랑하게 된단다. 이런 사람을 '관습의 노예'라고, 결혼 전은 '간 보기'였냐고 비난해 봤자다. 세상에는 보부아르의 정반대 선상인 평범한 사람도 무수히 태어나니 어쩌겠는가?

많은 동성애자가 법적으로 결혼할 권리를 얻기 위해 연대하고, 합법화 운동을 한다. 법적 결혼은 안 하겠다는 비혼주의자가 늘고 있는데 동성애자들에게는 왜 그토록 결혼 제도가 간절한 걸까? 이성애자로서 당사자들 입장을 온전히 대변할 수 없지만 그들이 내세우는 이유는 크게 두 가지다.

첫째는 하고, 안 하고를 스스로 결정하겠다는 의사 결정권 쟁취 문제다. 둘째는 사랑하는 사람과 법적 부부로 살아가고 싶다는 정서적 소망에 더해 법이 인정하는 권리가 많기 때문이다.

법적 배우자에게는 배우자가 사고나 중환으로 의식이 없는 상태에서 수술해야 할 때 동의권, 우선 면회권이 있다. 또 사망 시 유언이 없는 경우 남은 배우자가 상속권 1.5지분(자식은 1)을 갖는다. 건강보험의 피보험자가 될 수 있으며 국민연금, 휴가 수당, 소득 공제, 양도세 감면 등 혜택이 있다. 심지어 항공 마일리지를 공유하려 해도 법적 가족이어야 한다. 국제결혼일 경우에도 법적 혼인 신고를 마쳐야 결혼 이민 비자가 나오고 취업도 가능해진다.

인간에게 결혼은 어떤 의미일까, 완벽한 결혼이 가능할까, 가능하다면 과연 평생 유지될 수 있을까? 불가능하다면 결혼 제도의 존재 가치가 의심스럽지 않을까, 그런 불확실성에 한 번뿐인 내 인생을 밀어 넣을 필요가 있을까……?

결혼을 관념적으로만 파고들면 왕자, 공주 판타지에 빠질 수도, 인류 최악의 발명이라 단정할 수도 있다. 하지만 실제로 부딪치는 결혼은 사뭇 다르다. 준비하는 과정부터 지극히 현실적 문제들과 맞닿아 있고, 그로 인해 꿈꾸던 대로 되지 않기 일쑤다. 나처럼 하지 않겠다고 선언했다가 어영부영 결혼할 수도 있다. 그리고 "OO세에는 꼭 결혼에서 ~하게 살아야지"라고 계획을 세워도 어느 날 비혼주의자가 되어 있을 수 있다.

그러니 결혼이란 제도가 자신에게 실제로 어떤 득과 실을 가져올지 대차 대조표도 그려 보고, 누군가를 깊이 사귀면서 상대의 부모님이 어떻게 살아왔는지도 살펴보고, 보부아르·사르트르를 참고한 자신만의 실험 결혼도 시도할 수 있다. 이성적·감성적 양면에서 자신에게 결혼이란 제도가 진정 필요할지 시간을 두고 결정하는 방법도 좋다. 그래야만 그 결정을 통해 주체적으로 행복에 더 가까이 다가갈 수 있다.

결혼 적령기는
선택할 수 있다

○

○

●
●

고모 댁에 갈 때마다 '까꿍 까꿍' 하며 놀아 줬던 사촌 동생이 첫
사랑과 결혼했다. 스물여덟 살, 본인은 행복하나, 오히려 주위 사
람들이 더 늦게 하지 그러냐고 아쉬워한다. 한 세대가 바뀌는 동
안 결혼은 서둘러 하기에는 불안한 무엇이 되었다.

돌아가신 증조할머니와 할머니는 고작 열 몇 살 차이여서
노후에는 마치 자매처럼 보였다. 10대에 결혼하신 할머니는 할
아버지가 돌아가신 후에도 십 수 년째 홀로 지내시며 건강을 유
지하신다.

외할머니도 10대에 결혼하셨다. 일제 강점기 시절, 처녀는
정신대에 끌려간다는 소문이 파다해 이웃 마을 총각과 앞뒤 안
가리고 하셨단다.

50대 초반에 사회 활동의 정점에 올랐다고 할 만큼 적극적으로 일하는 어느 여자분은 말했다.

"일찍 결혼해서 애들 키워 놓고 전력 질주하는 게 유리해요. 난 우리 애들한테도 가능한 한 빨리 하라고 해요."

그녀는 캠퍼스 커플이었던 남편과 학생 부부가 되어 바로 아이를 낳고 30대부터 일만 했다고 한다.

반면 앞서 언급했지만 내가 몸담은 업계에는 싱글이 참 많다. 일로 만난 사람도 당연히 싱글이겠거니 하고 대화를 이어 가다가 기혼이라는 이야기를 들으면 "네? 결혼했다고요?" 하고 깜짝 놀란다.

"아유, 그럼요. 제가 서른다섯 살인데요. 애가 초등학생이에요." 같은 대답까지 들으면 나도 유부녀지만 0.1초 정도 당황한 기색을 감추기는 어렵다.

그런 내 주위에서 최근 몇 년 사이 흥미로운 현상이 생겼는데, 바로 40대의 결혼이다. 관성이 편견을 만들어 '당연히 앞으로도 혼자 지내겠지' 했던 사람들이 하나둘 짝을 만나 청첩장을 내밀었다. 결혼하고 싶었던 사람에게는 부러움, 함께 비혼을 고수하려 했던 사람에게는 적지 않은 충격이다.

반응은 제각각이지만 '어떻게 40대에 결혼했는가?'라는 호기심만큼은 비슷하다.

흔들리는 결혼 적령기

옥스퍼드대학교 신경 생물학과 콜린 블랙모어 교수는 연구에서 "세계 평균 수명이 120세에 도달할 것"이라고 밝혔다. 벨기에 브뤼셀 '국제 뇌과학 연구소' 진화인류학 연구원 카델 래스트 박사도 국제과학학술지 〈Current Aging Science〉에 게재한 논문에서 2050년에 인간의 평균 수명이 120세에 달할 것이라고 예상했다.

그렇다면 현재 30~40대가 우리 조부모 세대의 10대 후반, 20대의 삶을 산다고 보아도 크게 무리 없는 이야기가 아닐까?

실제로 2015년, 세계보건기구(WHO)는 늘어난 인류의 평균 수명을 고려해 생애 주기를 18~65세는 청년, 66~79세는 중년, 80~99세를 노년으로 정정한 바 있다.

결혼 적령기 변화에는 사회적 이유도 있다. 세계적으로 대졸자, 석·박사가 셀 수 없이 늘었다. 우리나라에서도 대학생이 청년 지성인 대접을 받았던 시절이 있었다. 하지만 이제는 얼마나 대단한 '스펙'을 쌓았는지, 어떤 대학, 어떤 세부 전공인지를 두고 경쟁한다. 외국어 능력, 수상 경력, 봉사 활동, 자격증 취득, 인턴 경험 등 취업 준비만 해도 20대가 훌쩍 가기 마련이다. 운 좋게 취업해도 학자금 대출 갚으면서 저축하면 어느덧 30대 중반이다. 대체로 경제적 여건이 되어야 결혼하는 우리나라에서 생물학적 결혼 적령기는 현실적으로 의미가 없게 됐다.

우리나라에서는 오랫동안 연상 남자가 먼저 취업해 목돈을 마련해 집을 샀다. 여자는 시집와 몇 년 안에 아이를 낳아 전담해 키웠다. 그리고 늙어서 자식에게 봉양받는다는 전통적 가치관이 통했다. 그러나 오늘날은 기존의 결혼 적령기를 받아들이지 않을, 아니 받아들이지 못할 만큼 상황이 바뀌었다.

이미 서양 선진국들은 결혼 적령기란 개념 자체가 사라지다시피 했다. 적어도 드러내고 남에게 충고할 소재는 아니다.

조혼을 주장하는 사람들은 "순진해서 아무것도 모를 때 해야 한다. 따지기 시작하면 결혼하기 어려워진다"라고 근거를 댄다. 경험이 적을수록 판단의 기준이 단순해지기 때문이다. 멋모를 때 결혼해서 행복해진다면 얼마나 좋을까? 하지만 '무지', 미처 준비하지 못한 문제는 결혼 후라고 자연히 해결되지 않는다. 오히려 부부뿐 아니라 아이의 인생까지 영향을 미칠 수 있다.

결혼하기로 했더라도 상대와 자신에 관해 알아보는 데 유난히 시간이 오래 걸리는 사람도 있다. 나 역시 그랬다. 단지 끌린다는 데서 벗어나 결혼이란 게 과연 맞을까, 서로의 가족과는 괜찮은 관계로 지낼 수 있을까, 어떤 식으로, 어디서 사는 일이 둘에게 제일 좋을까 등 생각할 거리가 꼬리에 꼬리를 물고 이어졌다. 그때 오래 생각하고 상의한 일은 결국 결혼 후 현실적 문제로 다가왔다. 결코 헛된 시간이라고 생각하지 않는다.

두 사람이 생각하는 결혼 적령기가 맞지 않아 평생 갈등의 씨앗을 품고 사는 부부도 봤다. 서른셋 전에는 무조건 결혼해야 한다는 여자 친구 주장에 온전히 내키진 않았지만 결혼한 연하 남편 B씨는 가는 술자리마다 "그때 결혼하고 싶진 않았는데 너무 일찍 해서 사랑도 없고 일도 안 풀린다"라고 푸념한다. 살면서 생기는 모든 불만을 이른 결혼, 아내 탓으로 돌리는 것이다. B씨가 부인에게도 대놓고 불평을 하는지는 모르겠다. 그렇게 비겁한 핑계를 끝도 없이 댈 사람을 피하기 위해서라도, 서로가 생각하는 결혼 적령기는 비슷한 게 좋다.

하지만 결혼이 자신에게 맞지 않고, 혼자이거나 가끔 만나는 상대만 있어도 충분히 행복하다란 결론을 내리는 사람도 있다. 그런 사람에게는 결혼 적령기가 아예 존재하지 않는, 무의미한 개념일 것이다.

결국 결혼적령기는 사람에 따라 있을 수도, 없을 수도 있다. 있다면 사회적 압력에 따르기보다 스스로 정해야 한다. 기약이나마 결혼은 자신의 평생을 거는 건데, 파도에 떠밀리는 조개처럼 수동적일 이유가 없지 않은가?

선택하지 않을 자유

평생 한 사람을
사랑할 수 있을까?

○

○

●

●

어느 날 시댁 어른들, 그 친구분들과 저녁을 먹다 한 아주머니께서 "내가 어릴 때는 이런 오붓한 자리가 없었는데……"라고 말하셨다. 오붓하다니! 대략 열 명이 동시에 왁자지껄 떠들어서 귀청이 떨어질 정도였는데!

사연인즉슨 아주머니의 어머니는 아버지의 열네 번째 부인으로, 식사 자리에 온 가족이 모이면 백여 명이다. 그러자 여기저기서 "우리 어머니는 일곱 번째 부인이었지", "우리 할아버지는 공산 혁명 때 부인 중 한 명에게 암살당하셨지" 하는 경악스러운 회고가 이어졌다.

영화 〈홍등〉 속 '진어른댁'에는 다양한 배경의 네 여자가 부인으로 등장한다. 그중 네 번째 부인인 송련(공리 분)은 대학까지 다니던 지식인이지만 중국 봉건제의 규율에 혼란스러워 한다. 그런데 실제 청나라 말기 봉건 사회는 영화 속 이야기보다 더욱 충격적인 일부다처제였다. 힘 있는 남자 하나가 그 지역 빈곤한 여자 대부분을 구제하듯 결혼하는 일이 보편적이었다고 한다. 영화가 차라리 미화된 지경이다.

일부일처제는 아이러니하게도 공산 혁명, 즉 중화인민공화국의 성립과 함께 찾아왔다. 1950년 중국 정부가 선포한 혼인법에서 "부모의 독단적 강요와 남존여비, 자녀의 이익을 경시하는 봉건주의 혼인 제도를 폐지한다. 남녀 혼인의 자유, 일부일처, 남녀 권리 평등, 여성과 자녀의 합법적 이익을 보호하는 신민주주의 혼인 제도를 실행한다"라고 규정했다.

그런데 청나라 시대 대지주 남자들에게 경악하는 동시에 마음속을 파고든 감정은 뜻밖에도 부러움이다. 멋진 사람들이 주위에 가득하고 제도적으로 그들과 관계를 맺을 보장이 주어진다면 난 과연 거부할 것인가?

'평생'이라는 무거운 짐

진화심리학의 관점에서 보면 가급적 다양한 짝을 만나 최고로 우수한 자손을 남기려는 욕구는 남녀 불문이다.

선택하지 않을 자유

윈난 성과 쓰촨 성 경계에 있는 루구 호 주변에는 천 년 이상 모계 사회 전통을 지켜 온 모숴 족이 산다. 일가족은 같은 할머니의 자손이다. 아버지라는 존재에 특별한 의미가 없으며 누구인지 모르는 경우도 많다. 축제 등에서 남녀가 사랑에 빠지면 여자 집에서 밤을 보낸다. 아이가 태어나면 모계에 입적돼 언제나 엄마와 함께하고 외삼촌이 교육하고 보호한다.

결혼 제도는 없고 사랑이 지속되는 기간만 파트너로 지내므로 이혼의 아픔도 없다. 이런 방식을 주혼(走婚)이라 하는데 평균적으로 여자 한 명당 아이 아버지는 서너 명이다. 이로써 척박하고 폐쇄적인 환경에서 인구를 조절하고 유전자의 다양성을 확보할 수 있다.

기독교에서 말하는 이상적 결혼관처럼 남녀 모두 순결한 상태로 결혼해 평생 외도하지 않고 일부일처를 지키며 해로하는 부부는 세상에 얼마나 될까?

종교가 왕권 위에 있거나 대등한 힘을 발휘했던 유럽에서도 사생아 문제는 늘 뜨거운 감자였다. 고고한 귀족 사회에서 남녀 모두 애인을 두고 사생아를 낳는 일도 흔했다.

엘리자베스 1세 때는 사생아를 교구에서 부양하는 법이 제정되었을 정도다. 사생아는 '러브 차일드(love child)'라고 불리는데 정략결혼이 아닌 사랑의 결과물이란 뜻이다.

스웨덴처럼 동거와 결혼의 경계가 모호한 국가에서는 배우자, 파트너가 자연스럽게 바뀌는 존재로 여겨진다. 고등학교를 졸업하면 독립하는데 대부분 이때 첫 번째 파트너를 찾아 동거를 시작하고, '사귐=동거'를 의미하기 때문에 결혼할 때쯤에는 이전까지 동거한 파트너 수가 최소 두셋은 된다.

이혼하거나 동거 파트너와 헤어지면 새로운 파트너를 찾는 일이 보통이다. 외도나 폴리아모리(polyamory; 다자간 연애)와 다른 점은 함께하는 기간에는 상대에게 충실한 태도를 이상적으로 생각한다는 것이다.

"서양 사람이 좋은 줄 알아? 얼마나 바람 잘 피우고 쉽게 헤어지는데?"라고 말하는 사람이 있는데 관점에 따라 해석이 다를 수 있다.

우리 전통적 결혼관이 제도권 아래에서 결혼을 지속하는 상태를 이상적으로 본다면─특히 속이 썩어 들어도 자식 생각에 참고 기다리며 조강지처로 남는 일, 성매매 등으로 지속적으로 외도하면서 부양만 잘하면 가장 노릇을 한다고 여기는 일─스웨덴 같은 진보적 국가에서는 일찍이 제도라는 고정 틀에서 벗어난 상태다. 함께할 때 상대에게 최선을 다하고 사랑이 식었다 싶으면 다른 상대를 찾는다. 제도가 아닌 관계가 행동의 중심이 되는 것이다.

물론 서구인도 외도하는 사람은 많으며 그게 드러나면 대부분 헤어진다. 이는 나라가 아닌 인간으로서의 신뢰 문제다.

선택하지 않을 자유

만약 믿음이 깨진다면?

결혼을 생각하면 '과연 내가 이 사람과 평생 함께할 수 있을까?' 하는 의구심이 들지만, 이는 매우 자연스러운 일이다.

2015년 발표한 통계청 자료에 의하면 한국의 조이혼율(인구 1천 명 당 이혼 건수)은 국제통화기금(IMF)의 영향을 받았던 2003년에는 3, 4까지 치솟았다. 2011년에는 2, 3으로 주춤하는 듯했으나 경제협력개발기구(OECD) 34개 회원국 중 9위, 아시아 국가에서는 1위를 차지했다.

결혼식만 올리고 혼인 신고를 하지 않은 상태의 이별까지 따진다면 더 높을 것이다. 결코 "서양 사람들……" 운운할 수준이 아니다.

결혼할 때는 상상도 못한 파혼, 이혼이 나에게도 찾아올 수 있다. 뜻밖의 문제 때문에 소중한 인생을 좌절 속에 보내는 사람이 주위를 둘러보면 의외로 많다. 사람이란 어떻게 달라질지 모른다. 없으면 죽을 것만 같던 연인이 철천지원수가 되기도 하고, 전혀 매력을 못 느끼던 상대에게 새로운 사랑을 느끼기도 한다. 또는 어쩔 수 없이 경제적 어려움(예를 들면 채무 연대 책임) 때문에 이혼이란 극단적 처방을 내리는 경우도 있다.

친구 O는 20대에 사랑을 느껴 결혼하고, 30대에 서로 더 이상 사랑하지 않음을 깨닫고 이혼했다. 그리고 40대에 동료와 결혼한 요즘은 참 행복해 보인다. 현모양처, 주부가 제일 좋은 줄 알고 한 초혼은 그녀에게 불행한 기억과 동시에 소중한 아이를 안겨 줬다. 그 뒤 살아남기 위해 억척스럽게 일하다 일의 즐거움과 아이 키우는 기쁨에 푹 빠졌고, 지금의 배우자도 만났다. 아이 역시 이혼 직후의 걱정과 달리 밝고 건강하게 자랐다. 마치 오랜 시간에 걸쳐 자신에게 맞는 삶의 퍼즐 조각을 찾아낸 느낌이라고 한다.

결혼하기 전 한 번쯤, 아니 가능한 한 많이 '과연 평생 한 사람만 사랑할 수 있을 것인가?', '만약 이 결혼이 잘못되면 어떻게 살 것인가?'를 고민해 봐도 좋다. 원앙처럼 금실이 좋은 부부 관계를 영원히 유지한다면 더할 나위 없이 좋지만, 그러지 못해도 자연스러운 인간사 속 현상으로 받아들여야 한다. 그편이 자신의 인생을 더 행복하게 만들 수 있다. 반드시 어떤 형태여야 한다는 강박이야말로 자신을 괴롭히는 원인이 되기도 한다.

할리우드 스타에게나 들었던 '혼전 계약'이 진보적 예비부부 사이에 유행이라고 한다. 어떤 변호사는 "애플리케이션 하나를 받는 데도 약관에 동의해야 해요. 결혼이야말로 남남인 두 사람이 법적으로 얽히는 인생 최대 계약인데 왜 계약서가 없어야 합니까?"라고 반문한다.

혼전 계약이라고 복잡할 건 없다. 외도로 인한 이혼 시 재산 분할, 가사 분담, 거짓말에 따른 책임 등 말로 하던 약속을 문서로 작성해 공증받는 것이다. 일부지만 소송 시 참고가 되어 우려한 상황이 일어났을 때 갈등을 줄여 준다고 한다.

절대 이혼하면 안 되는 사회보다 '이혼해도 당사자와 가족 모두가 행복할 수 있는 사회'가 건강하다. 만약 둘 사이 아이가 있다면 정서적 무리 없이, 사회적 차별 없이 크는 환경을 만들기 위해 모두 고민하는 노력이 필요하다.

남녀 모두 행복한 결혼,
가능할까?

어릴 때부터 가까이 지내며 볼 꼴 못 볼 꼴 다 본 '남자 사람 친구'들이 있다. 그들과 아직도 친한 사이임은 분명 축복이다. 남녀 사이에 친구가 없다는 주장도 있지만 이미 친구로 수십 년을 살아왔는데 무엇을 부정할 것인가? 각자 집안의 평균 수명, 형제들의 연애, 단골 카페 마일리지까지 알지만 단 두 가지, 알다가도 모를 일이 정치와 결혼, 구체적으로 성 평등에 대한 인식이다.

남과 여 그 입장 차이

"결혼하면 남자 손해지. 능력만 있으면 혼자 사는 게 나아."

당당하게 말하는 '남사친 A'의 말에서 '남자' 자리에 '여자'

를 넣은 문장을 떠올리던 터였다.

"무슨 소리야? 남자가 왜 손해야? 아니니까 대부분 남자가 결혼하려고 하지."

그의 말에 따르면 남자는 결혼을 안 하면 사회적으로 불이익이 너무 많아 등 떠밀리듯 할 수밖에 없고, 결혼하면 집과 직장 모두 전쟁터가 된단다. 낮에는 일 스트레스, 퇴근 후에는 살림·육아까지 도와주랴, 아이들 키워서 대학 보낼 생각까지 하면 마치 '끝이 없는 터널' 같다는 것이다. 집에 있는 자기 부인 팔자가 세상 편해서 부럽다고 했다.

그 친구는 아이가 둘이며 부인은 전업주부다. 어이가 없어 헛웃음을 흘리며 아이 둘을 키워야 하는 고충을 말해도 소용이 없었다. 낮에는 아이들을 유치원, 어린이집에 보내는 데다 저녁에는 자기가 육아를 도와줘서 할 일도 별로 없다고 믿었다.

안타까운 점은 친구는 한 점의 악의 없이 진심이라는 사실이었다. 부인을 사랑하는 건 물론이고.

'남사친 B'는 예전부터 자유를 외쳤다. 해양 스포츠, 여행, 낯선 사람들과의 만남을 무척 좋아하는 밝은 성격이다. 하지만 결혼한 이후 '철밥통'이라 불리는 자신의 직장을 절대 그만둘 수 없게 됐다며 늘 우울한 상태다.

"관둔다는 순간 이혼당할 걸? 평생 대출금 갚으며 조직의 부속품으로 사는 현실이 끔찍해."

그의 부인은 직장을 2~3년 간격으로 옮기며 그사이 장기 여행도 다녀오는데 자기도 그러고 싶다는 것이다.

"네 의지로 직장도 결혼도 택했잖아, 그리고 와이프가 마냥 행복한지 어떻게 확신해? 직장 때문에 불안할 수도 있고, 아이를 낳으면 더 힘들어질 테고……."

그러나 친구는 단호했다.

"내가 선택했지만 이제 정해진 대로 살아야 하는 삶이 끔찍하단 거야."

이들은 남자가 여자를 위해 '희생한다'는 생각이 강했다.

SBS 스페셜 〈엄마의 전쟁〉에서 네덜란드로 이주한 부부의 이야기가 방영됐다. 부부는 맞벌이하며 아이들을 키우고 퇴근 후에 함께 돌봤다.

남편은 말한다.

"책 읽어 주고, 씻기고, 옷 입히고 또다시 놀아 주고 자는 데까지…… 여기는 남자가 희생할 수밖에 없는 구조예요."

많은 여자 시청자가 그 발언을 듣고 놀라움을 금치 못했다. 자기 자식 돌보는 일을 남자의 희생이라 생각한다는 점 때문이었다. 부인도 똑같이 일하고 퇴근 후 시간을 육아에 쏟아붓는 데도 말이다.

문제는 맞벌이든, 외벌이든 돈을 벌면서 육아·가사에 참여하는 일을 희생이라 생각하는 남자가 한국 사회에 여전히 가을 들녘 이삭만큼 많다는 점이다.

이에 많은 여자들은 결혼, 출산을 거부하며 반대편에 서 있다. 결혼해서 행복해 보이는 언니, 친구보다 그렇지 않은 삶이 더 많이 눈에 띄는 것이다.

여자들, 벼랑 끝에 서다

후배 C는 요즘 '결혼을 괜히 했나?' 하는 후회와 함께 '죽고 싶다'는 생각까지 떠올랐다. 용기 내 정신과를 찾은 결과, 우울증 초기란 진단을 받았다.

그녀는 외국에서 대학을 나왔고, 유행에 민감한 직업으로 외국계 회사에서 일했다. 국내 중소기업에 다니는 남편과 '스펙'으로 따지면 자신이 조금 더 나았지만 건실하고 자신을 사랑해 주는 마음이 좋아서 큰 망설임 없이 결혼했다. 굳이 따지고 싶지 않지만 집 전세금도 C의 부모님께서 더 많이 도와주셨다.

서른한 살, 다들 좋은 나이라며 축복했다. 문제는 임신하면서부터 시작됐다. 유난히 입덧도 심했고, 임신 중독증이 올지도 모른다는 말을 듣고 회사에 요청해 출장을 많이 다니는 업무에서 사무직으로 옮겼다.

아이를 낳은 뒤 몸의 상태는 주위에서 들은 이야기보다 회복이 더뎠다. 그녀는 "온몸의 뼈가 다 어그러진 것 같다"라고 표현했다. 결국 육아 휴직 기간을 보낸 후 얼마 되지 않아 퇴사하고 말았다.

C는 1년간 열심히 아이를 키운 후 꼭 다시 직장을 찾아 더 나은 모습을 보여 주고 싶었다. 그러나 퇴사하고 9개월이 지나도 우울이란 수렁 속에 허우적댔다. 일주일에 몇 차례 도우미가 왔지만 육아와 집안일은 여전히 힘에 부쳤다(부모님은 외국에 계시다). 수면 부족은 일상이었다. 모유 수유를 하느라 화장이며 액세서리는 엄두도 낼 수 없었다. 잠시 아이를 데리고 카페나 레스토랑에 앉아 있고 싶었지만 사람들이 수군거릴까 주눅이 들었다. 결정적으로 우울증이 심해진 시기는 업계 내 자신을 향한 평판을 들은 뒤다.

정말 몸이 안 좋아 퇴직했지만, '아무 근성 없는 애', '결혼하려고 잠깐 취직했던 사람'이 되어 있었다. 자신을 이해해 주는 이는 없었다. 반면 남편은 회식과 출장 등으로 분주하지만 즐거워 보였다. 승진도 하고, 인맥도 늘면서 점점 자신감이 넘쳤다. '산후 우울증'이란 병명을 듣고는 다들 경험한다고 대수롭지 않게 넘기더니 "그런데 언제 회사 다시 다닐 수 있어?" 하고 물었다.

C는 남편이 반 토막 난 수입을 아쉬워한다는 생각이 들었다고 했다. 까르르 웃는 아이를 볼 때면 예쁘고 행복했지만 그걸 제외한 나머지 세상은 까맣게 물들었다. 결혼과 출산으로 부부

의 '스펙'이 바뀐 것 처럼 느껴졌다.

극단적인 부분도 있지만 둘러보면 비슷한 사례를 많이 찾을 수 있다.

결혼 공포, 탈출구는 있을까?

2016년 5월, 〈중앙일보〉와 〈니혼게이자이신문〉이 20~40대 한일 남녀 2,158명을 대상으로 '일하는 방식과 육아' 온라인 설문 조사를 실시했다. 결과에 따르면 결혼은 '해도 좋고 하지 않아도 좋다'와 '하지 않는 게 좋다'라는 부정적 응답 비율은 한국 여성이 72.1%로 가장 높았고, 일본 여성 61.7%, 한국 남성 50.7%, 일본 남성 45% 순이었다.

한국 남녀의 차이만 20%가 넘는다. 여성이 출산 후 직업을 가져야 한다는 인식은 한국이 52.9%, 일본이 38.7%였다. 일본은 결코 성 평등 면에서 크게 앞서는 국가가 아니다(세계경제포럼 기준 성 평등 지수 101위). 하지만 한국(성 평등 지수 115위)은 일본보다 여성이 일과 가사를 함께해야 한다는 인식이 강했다.

반면 성 평등 지수 4위인 스웨덴은 1970년대에, 모든 정부 부처가 성 평등을 선언하고 부모 모두 육아 휴직을 쓰게 했다. 1980년에는 국민 모두의 성 평등을 선언했고, 1988년 5개년 계획을 수립해 정책적으로 실천했다.

결혼하든 안 하든 자녀를 두면 출산 급여, 부모 보험, 자녀 수당 등을 똑같이 국가에서 지급한다. 자연스럽게 커플 공동 가사와 육아 문화가 정착돼 1981년에는 기혼 여성의 경제 활동 참여율이 미혼 여성의 74.4%를 앞지른 77.7%로, 기혼 여성이 더 적극적으로 활동하였다. 결혼 선택에도 신중하기 그지없다. 연애하면 일단 살아 봐야 한다는 생각으로 동거에 들어간다. 그러다 아이가 생기면 계속 동거하며 키우는 경우가 일반적이고 일부는 정말 확신이 들 때 결혼한다. 그래서 평균 결혼 연령이 마흔 살 전후다. 그때 아이는 이미 초등학생 정도로 결혼사진에 아이들이 등장하기도 한다. 그사이 파트너가 몇 번 바뀌어서 남편의 자녀가 아닌 경우도 흔하다(아버지를 등록하지 않으면 법적으로 어머니 단독 자녀다).

우리 시각으로는 지나치게 진보적인 방식이 아닌가 싶지만, 이들은 이미 그렇게 산 지 오래다. 어떤 선택을 하든 국가에서 복지로 뒷받침하고 국민은 소득의 50%에 달하는 세금을 낸다. 이러니 남녀 모두 서로에게 불만이 있기 어렵다. 또한 결혼이란 제도 없이도 가정은 유지된다.

홍콩에서는 결혼하면 여자가 호랑이가 된다고 한다. 전통적으로 여성의 지위가 다른 지방보다 높았던 중국 남부 관습에 영국의 '레이디 퍼스트' 문화가 더해지고, 페미니즘 바람이 일찌감치 불어서다.

선택하지 않을 자유

주택 가격이 워낙 높아 보통은 부부가 함께 벌어 월세를 내거나 대출금을 갚는다. 아이가 있으면 '아기 돌보미' 겸 가사 도우미를 쓴다. 가사 분담에 남녀가 따로 있지 않으며 남자도 육아에 적극적이다. 따라서 결혼 후 사회에서 자신의 역할이 지워질까 두려워하는 여자는 극히 드물다.

이제 우리 사회도 성 역할에 따른 불평등 해소에 적극적으로 나서야 한다. 인식의 전환 없이는 행복한 결혼 생활을 해 나갈 수 없다.

인식의 전환 없이는
행복한 결혼 생활을 해 나갈 수 없다.

혼자서도 행복해야
결혼해도 행복하다

"그리하여 왕자와 OO는 행복하게 살았답니다"로 끝나는 일련의 고전 동화들이 있다. 예쁘고 착한 여자아이는 왕자가 영원한 행복을 안겨 준다는 꿈에 빠지게 하고, 남자아이는 용감한 왕자로 태어나 포기 않고 공주에게 '들이대면' 마음을 얻을 거라 여기게 한다. 이런 동화들은 결혼한 다음, 나이 들어 약해진 왕과 주름지고 순진하지 않은 왕비 이야기는 알려 주지 않는다. 그 기간이 결혼하기까지보다 훨씬 길 텐데도 말이다.

그래서 많은 작가가 《신데렐라와 심술궂은 왕비》(토니 브래드먼), 《백설 공주는 정말 행복했을까?》(후베르트 쉬르넥)처럼 동화의 뒷이야기를 상상한 책을 내기도 하고 '잔혹 동화'란 형식으로 원작을 아예 비틀어 공포물을 만들기도 했다.

결혼에 대처하는 우리의 자세

실제 사람들 삶도 크게 다르지 않다. 결혼 전 연애가 단편 소설이면 결혼 후는 장편 중에서도 대하소설이다. 영원을 약속하는 것이니 말이다.

하지만 달콤한 꿈에 젖어 결혼을 덜컥 결정하는 성급한 사람들이 많이 있다. 삐걱거릴 요소가 많이 보이지만 남의 인생인 관계로 "너무 일찍 결정하는 거 아니니?"라는 말을 건네는 게 다다. 마음 속 오지랖은 '너도 미래의 너를 모르잖아. 후회할 수 있어! 신중해야 해'라고 외치기도 한다.

초등학생 때의 나, 청소년 때의 나, 20대의 나, 중년에 접어든 나. 이들은 동일인인 동시에 타인이다. 서로를 완벽하게 이해하지 못한다. 그런데 결혼이란 이 모두를 만족시켜야 하는 길고 지난한 과업이다.

'사랑이라 생각했는데 사랑이 아니다.'

배반의 서사가 연상되는 제목 같지만 이런 깨달음의 장이 과거·현재·미래의 나 사이에 몇 번이고 펼쳐지는 게 인생이다. 드라마나 영화에서 남자 주인공이 "내가 널 꼭 행복하게 해 줄 게"라고 약속하는 장면을 보면 "나도 어떻게 해야 미래의 내가 행복해질지 모르는데 네가 할 수 있다고? 웃기고 있어!" 하며 따지고 싶다.

누구나 행복해지기 위해 결혼한다. '결혼은 인생의 무덤', '해도 후회, 안 해도 후회'처럼 온갖 시니컬한 선배들의 저주를 들으면서도 결혼하는 커플은 '우린 그렇게 안 되면 돼' 하는 다짐을 한다.

하지만 여전히 많은 사람이 실패한다. 그들은 하나같이 결혼해서 이렇게 살 줄 몰랐다는 반응이다. '결혼은 현실'이라는 말에 수긍하면서도 경제력 등 당장 눈에 드러난 결혼 조건에만 집중한다. 상대와의 매일이 어떤 식으로 진행될지 예측하지 못한다.

혹은 상대방과 나의 상황, 성향을 제대로 고려하지 않는다. 밤늦게까지 술 마시고, 가끔 해외여행도 다니며, 카페 탐방·공연·쇼핑을 즐기던 사람이 새벽에 일어나 도시락을 싸고, 출근 전에 아이를 데려다주고, 퇴근 후에는 집안일까지 해야 하는 일상이 행복할까? 더구나 이런 생활이 1~2년 안에 끝날 수 없다면?

당연히 결혼 생활에 대한 회의감이 들 수밖에 없다.

〈헤럴드경제〉의 2016년 5월 기사에 따르면 서울에 사는 남편의 47.9%가 '가사 노동을 공평하게 분담해야 한다'라고 생각하지만 "하고 있다"고 답한 비율은 13.7%에 그쳤다. 대부분의 서울 가정에서 집안일은 여전히 아내의 몫이었다. 이는 결국 한국 가정의 모습을 보여 준다.

말로만 하는 약속은 전혀 중요하지 않다. 가급적 결혼과 유사한 상황에서 사소한 일부터 커다란 문제까지 어떻게 푸는지를 면밀히 관찰해야 한다. 또 상대방이 아무런 경계 없이 혼자 지낼 때의 모습도 봐야 한다. 예를 들어 방을 쉽게 어지럽히는 사람은 결혼해서도 마찬가지다. 말로는 가사 노동을 함께한다고 하지만 더 깔끔한 사람이 청소를 떠맡기 일쑤다. 사랑할 때는 그 행동마저 귀엽고 치워 주는 일에 보람을 느낄 수도 있다. 그러나 평생 그럴 수 있을까?

감정 해소 방식에 행복이 달렸다

감정 문제도 가사 분담 못지않게 중요하다. 국내 이혼 사유 부동의 1위는 성격 차이다. 서로 다른 성격 때문에 감정의 골이 깊어질 대로 깊어진 다음 끝내 이혼을 선택한다. 물론 성격이 달라도 소통과 이해를 통해 조화를 이룰 수 있다.

　문제는 갈등이 생겼을 때 해결 방법을 찾지 못하고 한쪽이 입을 닫아야 끝나는 경우다. '나만 참으면 되지……' 하는 생각에 넘어갔다가 결혼 후 더 큰 문제가 생겨 최악의 상황에는 고압적인 상대방에게 생명의 위협까지 느낀다.

　한번 싸우면 물건을 부수거나 난폭한 운전 등 감정을 과격하게 터뜨리는 사람과 결혼한 C는 단순히 성격이 문제가 아님을 곧 깨달았다. C의 남편은 다정할 때는 한없이 다정하지만 화가 날 때는(그 이유도 대부분 말이 안 되지만) 상대방이 자기주장에 100% 동의하고 사과해야 넘어가는 독선적인 사람이었다. 결혼 생활은 둘만의 일이 아니어서 양가 가족, 친구, 동료 등과 얽힌 문제로 무수한 갈등 상황이 빚어졌고 무조건 C가 잘못했다고 해야 끝났다. 속으로 자신의 잘못이 아니라 생각하면서도 이웃집에 피해를 주기 싫어 사과하고 감정을 억누르는 나날이 계속되니 우울감이 찾아오지 않을 수 없었다.

이탈리아 제노아대학교의 연구에 따르면 결혼 생활에서 감정을 억누를수록 만족도가 낮은 것으로 나타났다. 229쌍의 이탈리아 신혼부부를 대상으로 감정 억압 정도, 결혼 생활의 만족도를 결혼 5개월 뒤, 그리고 2년 뒤로 나누어 추적 조사했다.

그 결과 시간이 흐를수록 감정을 억압하는 부부의 만족도가 떨어졌다. 특히 남편이 감정을 억압하는 부부는 아내가 그런 경우보다 더 결과가 나빴다. 감정을 억압하는 정도가 비슷한 부부는 긍정적 감정도 비슷했다.

결국 서로에게 솔직하게 터놓고 감정을 소통하는 부부가 오랜 시간을 함께 보내도 행복하다는 것이다.

우선 혼자서도 행복하라

나를 포함해서 여러 사람이 "혼자서도 행복한 사람이 결혼해도 행복하다"라는 말을 한다. 혼자 잘 지내야 결혼해도 행복하다는 단순한 뜻은 아니다. 혼자일 때 이런저런 이유로 불만을 느꼈던 사람이라면 결혼해서 모든 문제가 해결될 거란 기대는 금물이란 의미다. 즉 혼자서도 불행하다면 결혼해서도 마찬가지일 가능성이 크다. 특히 남의 이목에 지나치게 신경 쓰고 질투심이 강한 사람이 무리해서 결혼하면 더 불행해지기 쉽다.

결혼하면 끝날 것 같았던 문제가 더 복잡해지면서 끝없는 비교와 욕망에 시달리기 때문이다. '나는 여름휴가를 울릉도에 다녀왔는데, 친구 부부는 하와이에 다녀왔고, 내 아이는 병설유치원 간신히 넣었는데 친구 아이는 비싼 영어 유치원 다니고, 친구 아내는 날씬한데, 내 아내는 애 낳고 살쪄서 밥만 우걱우걱 먹는 것 같고……' 비교 대상도 넓어진다.

미래의 행복까지 정해진 것 같은 기분에 결혼 생활 내내 속을 끓인다. 인구 밀도가 높고 경쟁이 치열하며 아파트 등 주거 형태마저 획일적인 우리나라에서는 일상 속에서 쉽게 비교하고 자괴감에 빠질 수 있다.

스트레스는 고스란히 배우자에게도 간다. 내가 변하는 방법보다 상대가 바뀌어야 한다고 주장하기는 쉽다. 하지만 성인이 달라지기란 쉽지 않다. 가사를 전혀 안 하던 사람이 출근길에 쓰레기는 버릴 수 있어도 유명 셰프처럼 요리를 잘하기란 어렵다.

거기에 배우자를 제삼자처럼 바꾸고자 하면 상황은 최악으로 치닫는다. 어머니처럼 살뜰하고 요리 잘하는 아내, 평소 다정하다가 위기 상황에서는 기사처럼 믿음직스럽게 보호해 주는 남자는 환상에 가깝다.

우리 사회에서 흔히 '일등 신붓감'으로 여기는 직업에 미모와 지성을 갖춘 A에게는 소개팅 주선이 줄을 이었다. 나 역시 한번 권한 적이 있는데 그녀는 "아니요. 짝꿍이 있어서요. 제가 소개팅하면 많이 슬퍼할 거예요"라고 했다.

알고 보니 학창 시절부터 오래 사귄 평범한 남자 친구가 있었다. 소녀 같은 대답에 좀 놀랐지만 그녀는 그때까지 많은 선자리를 거절해 왔을 것이다. 올곧고 순수하게 느껴졌다. 그로부터 2년 후 남자 친구와 결혼한 그녀는 무척이나 행복해 보였다. 남편과 집에서 만나면 종일 있었던 일을 이야기하느라 자는 시간도 아쉽다고 했다. 많은 동료가 조건에 맞춰 맞선, 소개팅 등으로 결혼했지만 남들의 사정은 생각할 시간도 없어 보였다.

'결혼하면 상대의 자세도 달라지고 환경도 좋아지겠지……' 하는 기대가 클수록 실망도 크기 마련이다. '지금을 유지하되, 함께하는 약속의 시간이 오래 지속됐으면 좋겠다'는 마음일 때 결혼해도 행복할 것이다.

선택하지 않을 자유

이상형은 결혼의
필수 조건이 아니다

○
○

몇 년 전, 날카로운 필치가 돋보이는 에디터 후배 J에게 물었다.

"어떤 남자가 이상형이야?"

"어릴 때부터 키에르케고르 같은 음울한 철학자 타입이었어요. 그런데 이상하게 자기 철학이 뚜렷한 사람보다 어눌해도 그냥 내 말 잘 들어주고 존중하는 남자한테 끌리더라고요. 오래 사귀게 되고요. 나이 먹을수록 그런 경향이 분명해지는 것 같아요."

후배는 4년간 연애와 헤어짐을 반복한 끝에 키에르케고르와는 전혀 닮지 않은 신랑과 결혼해 산다.

'이상'이란 자체가 안타까움을 내포한 개념인 것일까? 서로가 서로의 이상형인 경우는 극히 드물며, 운이 좋아 그렇게 만난다 해도 결혼에 이르러 행복하게 사는 부부는 아직 보지 못했다.

막 스물이 됐을 때 내 이상형은 분명했다. 무대 위에서 눈부시게 빛나는 '록 가수'였다. 함께 음악 작업하고, 그가 투어 다니면 나는 무대 바로 앞에서 모니터링해 주는 모습을 그렸다. 발전적 의견을 나누며 영원한 연인이자 동료로 살아가는 상상을 했다. 실제 롤 모델인 커플이 있었는데 그들은 서로를 이상형으로 지목했고, 진심으로 사랑하는 듯 보였다. 로커가 무명일 때 여자 친구가 정성을 다해 도와준 덕에 그는 큰 성공을 쥐었다. 영원히 보답하겠다는 프러포즈에 여자 친구가 감동의 눈물을 흘렸다는 이야기가 음악 잡지에 실렸다.

결혼 후 세월이 흐를수록 그들이 함께하는 모습은 보기 힘들어졌고 결국 자식들만 남기고 허무하게 헤어졌다. 40대가 된 로커는 딸 또래의 여자와 재혼한 상태다.

내 남편 역시 이상형과 다르다. 예술적 감성이라고는 눈을 씻고 찾아도 없는 소위 '공대남'이자 말리지 않으면 내 생일에 원치도 않는 '증강현실' 헤드셋을 사 올 사람이다.

학창 시절, 자유 주제로 작문을 발표하는 시간이 있었다. 친구 B는 이상형과의 결혼 생활을 아주 자세히 묘사했다. 동갑내기를 만나 캠퍼스 커플이 되고 알콩달콩 친구처럼 지내며, 딩크족(의도적으로 자녀를 두지 않는 부부)으로 산다는 내용이었다. 얼마나 많이 상상했는지 상대의 외모, 성격, 만나는 장면 등이 구체적이었다. 그러나 몇 년 후 그녀의 결혼 상대는 직장에서 만난 열 살 연상으로, 당시 우리에게는 '삼촌 느낌'이 물씬 풍기는 사람이었다. 게다가 딩크족은커녕 요즘 드물게 애 셋을 연달아 낳아 매일 육아 전쟁을 치른다는 소식을 들었다.

사춘기 시절, 나는 《빨강 머리 앤》속편을 읽고, 앤의 선택에 실망했다. 그렇게 작문을 좋아했고 이야기 클럽을 만들며 꿈을 키워 공부해 얻은 어른의 삶이 고작 동창인 길버트와 결혼해 아이 일곱을 낳는 것이었다니!

물론 길버트는 요샛말로 동네 '엄친아'이자 아낌없이 앤을 돕고 사랑한 이성이다. 하지만 꼬마 앤이 초록 지붕 집에서 드넓은 하늘을 바라보며 하던 상상은 다 무엇이었는지, 허무한 느낌마저 들었다.

그러나 길버트가 병으로 죽음의 문턱에 이르렀을 때, 앤은 현실 속 이상형이 그라는 걸 마침내 깨달았을지도 모른다. 꿈속에서 그토록 찾아 헤매던 행복의 파랑새가 눈을 뜨니 집 안 새장에 있었다는 마테를링크의 희곡처럼 말이다.

매력적인 사람 VS 함께하는 사람

친구 사이지만 눈부시게 매력적인 사람이 있다. 누구보다 가까이 지내고 싶을 정도다. 여럿이 만나면 그 친구가 유난히 돋보이고 대화가 재미있다. 그런데 자주 만나지 않을뿐더러, 둘만 만나서 일상적인 뭔가를 함께한다고 생각하면 어색한 느낌이 든다. 한편, 누구랑 가장 많이 메시지를 나눴는지, 밥을 먹었는지, 쇼핑했는지를 생각하면 전혀 다른 타입이다. 특별한 계기도 없이 교류가 이어지는 사람, SNS보다 개인 메시지나 만남으로 속마음을 털어놓는 사람이 있다.

아마도 후자 같은 사람이 배우자감인 것 같다. 시선을 빼앗고, 존경스럽고, 대단한 능력을 지닌 사람이면 금상첨화겠지만 반평생 이상을 함께해도 지겨워지지 않는 사람이 더욱 이상적이다.

특히 흔히 말하는 '존경할 수 있는 사람이어야 한다'란 열망은 존경심이 클수록 실망도 크다는 교훈을 줄 때가 있다.

배우자란 존재는 존경이라는 신비롭고 엄숙함을 품을 정도로 먼 곳에 있는 사람이 아니다. 남편에게 작은 일에 욕심과 고집부리는 모습, 옹졸하게 구는 모습, 나태하거나 엄살 부리는 모습을 본다. 외모 역시 밖에서 만날 때 가끔 '저 사람이 저렇게 스타일이 괜찮았나?' 싶을 때도 있지만, 가장 많이 보는 모습은 늘 입는 '홈 웨어' 차림, 밥 먹는 입 모양, 코 고는 모습, 일어난 후 까치집이 된 머리 같은 것이다. 그보다 더한 모습도 많다. 그에게 나도 마찬가지일 것이다.

만약 심장 떨리는 이상형과 결혼했다면 그 많은 '깨는' 순간을 어떻게 극복할까? 그래서 이상형을 사귀었다는 사람 중 큰 실망을 하고 이혼하는 사례가 있는지도 모르겠다.

선택하지 않을 자유

그러나 이상형이 아닌 사람과 결혼한대서 이상형과의 비교가 멈추는 것도 아니다. 다만 이상적으로 생각했던 부분과 어긋나는 상황에서 새로움을 발견한다.

관우처럼 독화살을 맞아도 살과 뼈를 긁어내는 수술을 무표정으로 참는 사람이 내 이상형의 한 부분이라면, 남편은 갑자기 나온 샤워기 찬물에 비명을 지르는 사람이다. 내가 입원했을 때 밤새 뜬눈으로 간호하는 모습을 기대했지만, 남편은 잠깐 쉬라고 비워 준 침대 옆자리에 눕자마자 코를 골았다.

그러고는 다음 날 아침 "그래서 내가 안 눕는다고 했잖아!" 하며 도리어 큰소리치는 사람이다. 그런 그가 멋져 보이는 순간이 몇 있긴 하다. 잘 지워지지 않던 부엌 얼룩을 지워 놨을 때, 분명 화낼 상황인데 안 낼 때 같은 전혀 기대하지 않았던 소소한 경우다.

아이러니한 일은 서로를 위해 죽을 수 있다는 둥 허세를 부리고, 애증을 폭발시키느라 감정 소모가 너무나 심했던 과거 남자 친구와는 바람 빠진 풍선처럼 관계가 끝났고, 결혼 근처에도 가지 못했다는 사실이다.

알고 보면 이상형은 유명인의 프로필에서 발견한 뒤 나와의 삶을 상상해 볼 때 유용하다. 또 이상형을 만나든, 못 만나든 견뎌야 할 인생의 쓴맛은 반드시 온다. 동화 속처럼 완벽한 왕자, 공주가 매일같이 깜짝 놀랄 행복만 주는 것도 아니고 모든 문제를 해결해 주지도 않는다.

어쩌면 상대가 내 이상형이란 콩깍지가 벗겨졌을 때 결혼하는 편이 더 안전할 수 있겠다. 아름다운 면, 추한 면, 좋은 면, 미운 면을 전부 보고 나서야 평생을 약속할 수 있을지 좀 더 분명해질 것이다.

눈을 감고 뱃전에서 맞는 바람처럼 이상은 나를 훑고 지나가게 두자. 인생이란 바다를 헤쳐 가면서 결국 현실이 정체를 드러낼 것이다.

이상형은 유명인의
프로필에서 발견한 뒤
나와의 삶을
상상해 볼 때 유용하다.

나와 비슷한 사람

VS

나와 다른 사람

○
○

●
●

자신의 배우자를 남에게 말할 때 보통 '신랑', '와이프'란 호칭을 쓰지만 간혹 '짝꿍', '짝'이라 하는 사람도 있다. 어릴 때 학교에서 같은 책상을 쓰던 짝이 떠올라서인지 정겨운 느낌이 든다.

법적 결혼을 하든 안 하든 인간도 동물인 만큼 '짝'을 만나려는 욕구가 있다. 다만 인간을 둘러싼 환경은 크게 달라졌고 짝을 정하는 기준도 끊임없이 바뀌었다. 변하지 않은 사실은 생물학적으로 여자의 난자와 가임기는 한정돼 있어 가치가 높고, 정자는 한 번에 수억 개씩 배출돼 개당 가치가 낮으며 서로 경쟁하는 구도라는 것이다. 그래서 여자는 자원이 충분히 있으며 양육을 도울 수 있는 충성스러운 남자를, 남자는 수태 능력이 좋으면서 정절을 지켜 자신의 유전자와 자원을 낭비하지 않을 여자를

선택하지 않을 자유

선호한다. 간단한 듯 보이지만 외모부터 냄새, 힘, 지능 등 수없이 다양한 요소를 슈퍼컴퓨터처럼 비교 분석해 최적의 짝을 찾는 기관이 우리의 뇌다. 자신도 모르게 끌리는 상대는 내 유전자가 뇌를 통해 짝짓기 상대로 합격점을 줬다는 이야기다.

그렇다면 성격은 어떨까? 세계 공통으로 상대를 보는 기준 상위 셋 안에 꼭 드는 요소가 성격인데 왜 사귀거나 결혼 뒤 이 때문에 헤어지는 것일까?

달라서 매력적이다?

시어머니와 난 과일과 패션을 좋아한다는 취향 말고는 아무 공통점도 없다. 맨얼굴, 자연, 건강, 요리와 미식, 도움 주고받기, 명절 챙기기, 아침형 인간 등이 시어머니를 표현하는 키워드들이라면 나는 화장, 인공, 허기만 채우기, 도움 안 주고 안 받기, 기념일 넘기기, 야행성 등이다.

우리가 만난 자리에서는 "어떻게 자외선 차단제를 안 바르고 야외 수영장에 다닐 수가 있으세요?", "햇볕 좀 쬐라. 비타민 D 모자라서 골다공증 걸린다", "라면 끓었다. 냄비째 먹어야지!" "꺅! 조리 기구로 식사하고 있어!" 같은 비생산적 대화가 끊임없이 계속된다.

하나 충격적인 사실은 내가 보기에 시어머니와 남편, 사사건건 달라서 언쟁하던 엄마, 이 세 분이 비슷하다는 점이다. 나는 가끔 스스로 소름 끼칠 정도로 아빠와 닮았는데, 서로 무슨 생각을 하는지 빤히 알아서 오히려 대화할 일이 없었다. 여기서 자기와 다른 사람과 '지지고 볶는' 사람들이 의외로 많다는 사실을 알 수 있다.

특히 나와 성격이 맞지 않는다고 생각하던 엄마와 비슷한 남자를 굳이 외국에서 찾아 결혼한 이유가 무엇일까? 만약 사춘기의 나에게 신적인 존재가 "네 미래의 남편은 엄마와 아주 성격이 비슷한 사람일 것이다"라고 예언했다면 "안 돼!"를 외치며 어떻게든 결혼하지 않았을 것이다.

하지만 지금 생각해 보면 성향이 비슷한 남자와 평생 사는 일이 더 싫다. 게으름, 핑계 대기, 쪼잔함…… 나이 먹어도 고쳐지지 않는 자신의 단점들을 배우자에게서 보는 일은 끔찍하다.

남편에게 "당신하고 비슷한 여자와 결혼했으면 어떨 것 같아?" 하고 물은 적이 있었다. 그는 "애초에 만날 수가 없지. 대화가 지속돼야 사귈 거 아냐?" 하는데 그럴듯했다. 남편은 거의 듣기만 하는 타입이다.

어느 유명 궁합 전문가는 지나치게 천생연분인 경우보다 70% 정도 맞는 궁합이 잘 산다고 말했다. 서로의 다름을 발견하고 흥미를 느끼고, 맞춰 가는 과정이 이어지며 마침내 합을 이룬다는 것이다. 꿈보다 해몽인 경우지만 어느 정도 일리 있다고 생각했다.

　　　　　　　선택하지 않을 자유

성격이라는 진짜 궁합

성격과 연인 관계를 고찰해 볼 몇 가지 연구가 있다. 미국 노스웨스턴대학교의 사회학 교수 로버트 윈치는 "사회적 유사점이 짝을 찾는 데 많은 영향을 미친다"라고 말했다. 하지만 동시에 (특히 성격면에서) "자신의 부족한 부분을 채워 줄 수 있는 상대를 찾는다"라고 했다.

즉, 말이 많은 사람은 이야기를 잘 들어 주는 사람에게 매료되며, 적극적인 사람은 다소 수동적인 상대를 찾는다. 이를 '상호 보완적 욕구(Complementary Needs Theory)'라고 하는데, 자신에게 없는 점이 매력적으로 보이면서도 친근한 사람이 짝으로 안정적이란 것이다.

짝의 성격에 따른 만족도를 다룬 국내 연구도 있다. 2005년 서울대 사회심리연구실과 듀오 휴먼라이프연구소가 부부 280쌍을 대상으로 결혼 만족도를 조사, 분석한 결과를 보면 성격을 비롯해 가치관, 결혼 조건에 대한 생각 등이 비슷한 커플일수록 만족도가 높았다.

특히 가장 큰 영향력을 미친 요소는 성격이다. 만족도가 높은 상위 10% 커플의 성격 유사성은 0.39(완전히 다르면 -1, 완전히 일치하면 1)인 반면, 만족도가 낮은 하위 10% 커플의 성격 유사성은 0.06이었다. 행복한 커플일수록 성격이 비슷하다(그러나 아주

같지는 않다)는 결론이 나온다.

낙태, 여성 흡연, 혼전 순결, 호주제 폐지 등 사회적 이슈를 보는 태도도 결혼 만족도에 많은 영향을 미쳤다. 만족도 상위 10% 커플은 사회적 이슈를 대하는 유사성이 0.37인 반면 만족도 하위 10% 커플은 0.20에 불과했다.

같은 해 〈동아일보〉가 부부 500쌍을 대상으로 심층 설문 조사한 결과는 흥미롭다. 성별에 따라 성격 만족도에 큰 차이가 있었다. 남편의 만족도는 부부의 성격이 어떻든 크게 상관없었지만, 아내의 만족도는 부부의 성격이 비슷할수록 높았다. 또 100점 만점으로 점수를 냈을 때, 남편과 성격이 비슷한 아내 100명의 만족도는 69.8점이지만, 다른 아내 100명의 만족도는 64.4점이었다.

구체적으로 파고들면 둘 다 외향적인 커플은 남편의 만족도는 70.6점, 아내의 만족도는 68.6점으로 모두 높았다. 반면 남편만 외향적일 때 아내의 만족도는 60.9점으로 가장 낮게 나타났다. '바깥양반', '안사람'을 구별하는 전통적 가정이 떠오른다. 남편이 바깥으로 돌고, 신경 써야 할 일을 무심하게 넘기면 참기만 한 아내의 불만이 쌓인다.

또한 남편이 다정하고 아내는 비판적일 때 남편의 만족도가 71.4점으로 가장 높았지만, 아내의 만족도는 61.6점으로 가장 낮았다. 즉, 다정한 남편은 똑 부러지고 현대적 성격의 아내가 좋아

보이지만 아내는 세월이 흐를수록 남편이 우유부단하고 답답해 보이는 것이다.

　서로가 정말 비슷한 사람이어서 영혼의 쌍둥이 같다는 커플들이 있다. 먼저 배려하고, 음악 감상, 요리 등 취미와 정치적 견해도 놀랄 만큼 비슷해서 단짝 친구처럼 산다. 하지만 뜻밖에 싸워야 할 대상은 공허함이라는 이야기를 많이 한다. 굳이 묻지 않아도 상대의 마음을 헤아리니 싸울 일이 없고 평화롭지만, 더 이상 관계가 발전할 수 없는 데서 느끼는 무력감도 무시할 수 없다.

　짝끼리 성격이 잘 맞으면 좋지만 조금 달라도 행복할 수 있다. 중요한 사실은 다름을 인지하고 이해하려는 노력 여하에 따라 짝은 평생의 반려가 될 수도, 원수가 될 수도 있다는 점이다.

다름을 인지하고
이해하려는 노력 여하에 따라

짝은 평생의 반려가 될 수도
원수가 될 수도 있다.

부부라는 이름의
민낯

●
●

얼마 전, 작고하신 대천덕 신부(미국명 루벤 아처 토레이)와 현재인 사모의 따님이자 유타대학교의 교수인 드버니아 토레이가 국제 학술 대회 참석차 한국을 방문했다는 소식을 들었다. 토레이 교수의 한국 이름은 대명숙이고 강원도 태백에서 태어나 열아홉 살까지 그곳에서 살았다.

험난한 시기에 한국을 찾아 평생을 헌신한 많은 선교사 중에 그녀의 부모인 대천덕 신부 부부도 있었다. 말 그대로 '벽안'의 미국인 신부는 1965년 전기도 들어오지 않았던 강원도 태백 매봉산 중턱에 예수원을 설립해 평생을 봉사하며 살았다.

그분들 인터뷰에서 인상적인 부분은 당시 초로에 접어든 현재인 사모의 말이었다.

"너무 행복해요. 다시 태어나도 똑같은 삶을 살 거예요."

그때 공개한 결혼사진을 보면 훤칠한 꽃미남이었던 대천덕 신부 옆에 마치 인형처럼 사랑스럽고 아리따운 스물일곱 살 현 사모가 웃으며 서 있었다. 그녀는 퀸즈대학교 '메이퀸' 출신에 미국 40여개 주에서 60회 이상 전시회를 열 정도로 인정받는 화가였다. 2002년 대천덕 신부가 세상을 떠날 때까지 부부는 함께였다.

'삼종지도'처럼, 결혼했으니 남편을 따른다는 발상이 아니었다. 모든 걸 버리고 강원도 산골로 들어가기로 한 일도, 예수원을 세운 일도 부부가 동시에 떠올려 결정했다고 한다.

그들은 땅을 개간해 농사를 짓고, 아름다운 마을을 꾸미는 모든 순간마다 함께였다. 종교적 관점을 떠나 실로 '위대한 동반자' 관계다.

서양에서는 보통 이상적 부부를 '영원한 연인'으로 여긴다. 포르투갈 신트라의 좁은 골목에서 노부부가 손을 꼭 잡고 하염없이 걸으며 서로에게 사랑스럽다는 눈빛을 보내던 풍경이 떠오른다. 영화 〈노트북〉 종반부에는 치매에 걸린 부인(레이첼 맥아담스 분)이 마지막으로 잠시 정신을 차리고 남편(라이언 고슬링 분)과 서로 "I love you"라며 사랑을 고백한다. 남편은 지극정성으로 부인을 돌본 후 한 침대에 누워 마지막 길을 함께 떠난다.

이렇듯 이상적 부부가 회자되는 건 그렇지 못한 관계가 그만큼 많기 때문일 것이다.

멋지지 않아도 편안한 관계

한국식 부부 관계는 어떨까? '지지고 볶고', '미운 정 고운 정'으로 표현되는 관계가 평범한 경우가 아닐까 한다. 여러 차례 큰 파란이 있었어도 어느 순간 (기가 차서일 수 있지만) 같이 웃는다. 쉽게 헤어질 수 없으므로 어느 정도는 포기하고 단점까지 보듬는다.

나는 국제결혼을 하면서 처음에는 외국에서만 혼인 신고했다. 몇 년 후 누군가 "그러면 양국에서 법적 부부로 인정받을 수가 없다"라고 해서 마치 남편에게 큰 은혜라도 베풀 듯이 한국에서도 혼인 신고를 했다(늦게 했다고 몰랐던 벌금까지 냈다).

그 이야기를 듣고 "만약에 잘못되면 한국에서 싱글로 돌아갈 수 없고 재산도 나눠야 되는데 왜 했냐?"라는 사람도 있었다.

하지만 혼인 신고를 양쪽에서 한 후 마음가짐에 조금의 변화가 있었다. 한국 민법에서는 부부 사이에 부양의 의무가 있고 부부간 일상 가사 대리권을 인정한다. 한쪽이 채무를 만든 경우 배우자에게 연대 책임이 있는 것이다.

'이제 정말 한 팀이구나. 잘 살아야겠다' 하는 생각이 들었다. 남편 역시 이전에는 자기에 관한 일을 독단적으로 정하는 경우가 있었는데 요즘은 뭐든 상의하고 결정한다.

감정을 느끼는 방식도, 표현도 세월이 흐를수록 달라졌다.

결혼하려는 후배가 남편이 언제 제일 좋으냐고 물었다. 망설임 없이 "내 말 잘 들을 때랑 선물 사 줄 때"라고 대답했다. 후배는 장난인 줄 알았다가 진심임을 깨닫고 로맨틱한 장면을 기대했는지 실망한 것 같았다.

이 이야기를 남편한테 했더니 "그거 맞잖아?" 하며 재미있어 했다. 나에게 부부 관계란 그런 느낌이다. 굳이 미화시키거나 설명하지 않아도 괜찮다. 말 한 마디에 화낼 필요 없는 관계다.

떨어져 있다 만날 때면 전처럼 큰 액션을 취하지 않고 멀리서만 봐도 반가운 감정을 알 수 있다. 물론 근처에 몽둥이가 있으면 닥치는 대로 부수고 싶을 정도로 화가 치밀어 오를 때도 있다. 하지만 이웃에 난동을 부리는 부부로 낙인찍히고 싶지 않고, 살림도 아까워서 매번 참는다. 깊숙한 마음 바닥에 공동체 의식이 깔린 것 같다.

사이좋은 평범한 부부들에게 물으면 배우자를 '가장 가까운 친구이자 가족', '내가 돌아갈 집'으로 표현한다. 부인을 '집사람'이라 부르는 말을 개인적으로 싫어하지만, 정말로 집 같은 존재로 여겨 그렇게 말하는 남자도 많은 모양이다.

사랑하는 동시에 미워하는

반면 많은 이가 말하듯 잘못 굴러간 부부 사이는 남만도 못하다. 부부가 끝내 서로에게 등을 보이고 앉아 한 마디도 안 하는 바람에 축하객들이 민망해진 환갑 잔치에 참석한 적이 있다. 사연을 들어 보니 이해가 갔다. 젊은 시절 할아버지가 바람을 많이 피우셔서 상처받은 할머니는 대화를 끊으셨다. 이혼도 쉽게 할 수 없던 시대였기에 할머니는 방을 따로 쓰며 살림과 육아로 반평생을 사신 것이었다. 어떤 체취가 나고, 화장실에 언제 가고, 지병이 무엇인지 모르는 사이가 차라리 나을 것이다.

친구 K는 남편과 가끔 만나 대화할 때 즐거운 듯 보인다. 그날은 아빠와 함께 노는 아이도 기분이 좋다. 아이가 어릴 때 별거를 시작해 아빠를 1주일이나 2주일에 한 번 만나 선물과 맛있는 걸 사 주는 사람이라고 여긴다. 중요한 가족, 학교 행사에도 부부는 함께 간다. 이혼하면 양육비를 제대로 받는다는 보장이 없는데, 가끔 얼굴이라도 보며 주기적으로 받는 방법이 낫다는 생각이다. 소리 지르고 싸울 감정도 오래전에 사라져 오히려 평화롭다. 아이가 성인이 돼 법적으로 이혼할 때까지, 남편이 큰 사고 치지 않고 돈이나 제대로 벌었으면 하는 바람이다. 남편은 여자 친구가 있고, 자신도 남자 친구를 꾸준히 알아보고 있다.

《탈무드》에서는 "부부가 서로 사랑했을 때는 칼끝에서도 잠을 잘 수 있었지만, 사이가 좋지 않은 지금은 큰 침대에서도 잠을 청할 수 없다"라고 했으며 일본 작가 사카구치 안고는 "부부는 서로 사랑하는 동시에 미워하는 일이 당연하며 이런 마음을 두려워하면 안 된다. 올바르게 미워하는 일이 매섭게 대립하는

선택하지 않을 자유

것보다 낫다"라고 말했다.

　혼자인 것보다 함께하는 편이 괴롭고, 상대방이 병에 걸리거나 다쳐도 자신에게 피해만 오지 않길 바란다면 그를 기본적으로 미워하는 것이다. 미운 순간이 많아도 그 정도까지 가지 않고 때때로 그 사람이 기뻐할 생각에 즐거워진다면 바람직한 애정 관계라 할 수 있겠다. 부부의 민낯은 대강 이런 것이다.

이런 결혼에는
브레이크를 걸어라

매일같이 '룰루랄라~' 하며 결혼 준비에 신났던 커플도 어느 날 조용히 파혼 통보를 날린다. 예식장 등 결혼 관련 업체에 따르면 이런 경우가 많아 환불되지 않는 계약금과 기한을 둔다고 한다.

결혼해서 어마어마한 불행과 맞닥뜨린 사람들은 하나같이 "그런 사람인 줄 상상도 못했다", "내가 이렇게 될 줄 몰랐다"라는 말을 한다. 하지만 가만히 들여다보면 사귈 때 또는 결혼 준비 과정에서 여러 번 신호를 느낄 수 있는데 무리해서 긍정적으로 생각하고 넘긴 경우가 대부분이다.

심리학에서는 긍정 오류(False Positive)라고 표현하며, 어떻게 될지 알기 어려운 상황에서 긍정적 결과를 예측하는 태도를 뜻한다. 이때 많은 사람이 보이는 태도가 보고 싶은 것만 보는 확

선택하지 않을 자유

증 편향(Confirmation Bias)이다. 그러나 자신은 확증 편향에 빠진 줄 모른다.

자신을 너무 믿지 마라

사랑에 빠진 사람, 특히 결혼을 앞둔 사람은 자기가 상대를 제일 잘 안다고 착각하기 쉽다. 그래서 겉으로는 투덜대면서도 상대를 감싸는 쪽으로 생각하고 말한다. 사랑 때문이기도 하지만 좋은 결과를 얻고 싶다는 조바심 때문이다.

만약 남녀노소를 막론하고 나를 잘 아는 주위 사람 대부분이 "그 사람은 아닌 것 같아"라고 말한다면? 개개인의 외모 취향 등 커플과 직접적 관계가 없는 기준은 제외하고 말이다.

퍼듀대학교의 사회심리학 교수 크리스토퍼 애그뉴 연구팀은 연인 당사자들과 그들의 친구, 가족 같은 주위 사람들에게 두 사람이 6개월 후에도 사귀고 있을지를 예측해 보라고 했다. 6개월 후 결과는 당사자들보다 주위 사람들이 사귀거나 헤어짐을 예측한 정확도가 훨씬 높았다. 관계와 미래를 긍정적으로 평가했던 연인 본인들은 자신의 예측보다 높은 비율로 헤어졌다.

흔히 '사람은 바꿔서 쓰는 거 아니다'라고들 한다. 그만큼 오래된 결점은 쉽게 고치기 어렵다는 뜻일 것이다. 하지만 한 인간의 근본적 영역으로 넘어오면 스스로도 자신의 본질이 무엇이라 규정할 수 없을 만큼 일생에 걸쳐 여러 번 변화한다.

조선시대 임금은 사후에야 묘호가 정해진다. '조공종덕(祖功宗德)'은 공이 있는 왕에게는 조(祖)를 붙이고 덕이 있는 왕에게는 종(宗)을 붙인다는 뜻이다. 연산군, 광해군은 왕위를 박탈당해 묘호가 없고, 인조는 반정으로 왕위에 올랐지만 후대에 창업의 공을 인정받아 '조'가 붙었다.

현대인도 사후에야 어떤 사람이었는지 평가받을 수 있지 않을까? 그러니 '나는 이런 사람이니 저런 사람이 딱이야'라며 단정 짓지도, 긍정적 방향으로 생각하고 넘겨짚지도 말자.

참견과 혜안의 사이

한국에서 결혼을 결정할 때 주위 사람들의 흔한 반대 이유를 들자면, 지속해서 부양할 가족이 있는 경우, 본인은 홀몸인데 상대에게 아이가 있는 경우, 상대가 흥분하면 행패를 부리거나 무례해지는 경우, 상대의 과거 행적이 의심스러운 경우 등이 있다. 그런 사람하고 누가 결혼하겠냐고 하지만 생각보다 많다. 그리고 많은 사람이 남들이 우려하는 문제가 생겨 후회를 거듭한다.

무조건 하지 말라는 말이 절대 아니다. 다만 '대체 왜 그렇게들 입을 모아 말했을까?'를 깊이 생각해 봐야 한다. 그들은 상대를 몇 번 보고 가볍게 판단했다기보다 당신을 오래 보고 잘 알아서 한 말이다. 즉, 예상했던 문제가 발생했을 때 당신이 기꺼이 풀면서 앞으로 함께 살아갈 수 있는지, 그러지 못할지를 말하는 것이다.

부모는 딱히 대안이 없어도 더 좋은 조건의 상대만 데려오라고 주장하기 일쑤여서, 차라리 가까운 친구들에게 진지하게 상의하는 편이 좋다. 이성 친구면 더욱 좋다. 이성 친구 상담의 흥미로운 점이 남매처럼 친한 친구의 배우자감을 판단할 때는 판관 포청천이 된다. 친구의 배우자와 동성이기 때문에 속속들이 단점을 파악할 수 있는 것이다.

또한 상대와 결혼(또는 사귐도 마찬가지)을 이어 갈 판단의 중요 근거로 '근주자적 근묵자흑(近朱者赤 近墨者黑)'이란 옛말이 있다. 쉽게 말해 끼리끼리 어울린다는 뜻이다. 어떤 이가 범죄를 저질렀을 때 가까운 이들에게 연좌제를 적용해야 한다란 이야기는 아니다. 다만 자주 어울리는 집단을 보면 그들이 공통적으로 추구하는 가치관 등이 수면으로 떠오르기 마련이다.

후배 K는 남자 친구와 어릴 때부터 친했다는 남자 그룹과 처음으로 술자리를 가졌다. "예쁘다, ○○이가 빠질 만하네" 하며 너스레를 떨던 그들은 술이 좀 들어가자 슬쩍슬쩍 음담패설을 했다. 물론 K가 아닌 그들이 경험한 다른 여자들 이야기였다. K는 불쾌했지만 자기를 주제로 한 내용이 아니었고, 남자 친구도 K를 살피며 신경 써서 자신과 관계없는 일이라 생각하기로 했다. 그런데 어느 정도 취한 상태에서 2차로 이동하던 중이었다. 갑자기 그들 중 한 명이 앞에 가던 낯선 여자를 덥석 껴안았다. 그 여자 옆에는 남자도 있었는데 이쪽이 훨씬 사람이 많은 모습을 보자 언성만 높이다 여자를 데리고 사라졌다. K는 순식간에 일어난 일이라 어안이 벙벙했다. 남자 친구는 술이 과해서 실수한 것 같다며 친구를 감쌌다

하지만 어느 날 우연히 그들의 '그룹 채팅방'을 보게 된 K는 경악했다. 모두가 그날의 사건을 희희낙락하며 한 저질스런 농담이 가득했고 K의 이야기도 있었다. 그들 중에는 남자 친구도 포함돼 있었다.

'나만 참으면 되지⋯⋯' 싶어 넘어갔다가 결혼 후 생명의 위협까지 느낀 경우도 있다. 구김성 없는 성격의 C는 남자 친구가 싸우면 물건을 부수거나 난폭 운전을 하는 등 뭔가에 울분을 터뜨려야 하는 사람이었다. 어느 날 다른 이들과 함께 있을 때 그런 조짐이 보이자 모두 그와의 교제를 말렸다. 하지만 남자 친구는 C에게 사과하며 꼭 고치겠다는 약속을 했다.

C는 자신이 잘 설득할 수 있을 거라 생각했다. 그러나 그와 결혼까지 한 후 얼마 지나지 않아 단순히 '욱'하는 성격의 수준이 아니라는 사실을 깨달았다. 죽여 버리겠다는 협박, 집에 불지르겠다는 폭언이 그의 입에서 나왔다. 게다가 물건을 부수거

선택하지 않을 자유

나 C의 팔을 거칠게 잡고 내동댕이쳤다.

목이 졸린 날, C는 집에서 탈출해 경찰에 신고했고 결혼 6개월 만에 이혼을 준비 중이다.

냉정하게 극복 가능한 문제인지를 따져라

최근 '웨딩 검사'라고 해서 결혼 전 건강 검진과 성 기능까지 검사한 결과를 주고받는 커플이 많다. 그런데 생각하지 못하는 검사가 정신과 검진이다. 정신 질환은 약을 먹으면 보통 사람처럼 생활할 수 있고, 한동안 증세가 잠잠하면 환자 본인도 다 나았다고 생각하기 쉽다.

30대 중반 세무사인 S는 차분하고 지적인 여성을 만났다. 그녀는 행정 고시를 준비 중이었고 책을 좋아해 도서관에서 살다시피 했다. 어느 날 열린 파티에서 그녀가 보이지 않자, S는 사방을 찾아 헤맸다. 그러다 건물 뒤편 외진 곳에서 부산하게 움직이며 혼잣말을 하는 여자 친구를 발견했다. S가 다가가자 그녀는 공부 때문에 스트레스를 받은 상태이며 파티에 낯선 사람이 많아서 불편했다고 말했다. 그 말을 그대로 믿은 S는 앞으로 그런 곳에 데려가지 않겠다고 약속했다.

문제는 상견례를 하고 결혼 준비에 분주하던 때 일어났다. 여자 친구가 말하길, S의 어머니가 자꾸 집으로 찾아와 큰소리로

혼을 냈다는 것이었다. S는 상견례 후 어머니가 "걔 좀 이상한 것 같더라" 하며 찜찜한 반응을 보였던 일이 떠올랐다. 화가 나 어머니에게 따졌지만 상견례 이후 통화조차 한 적이 없다는 대답과 오히려 황당하다는 반응이 돌아왔다.

S는 드라마에서 보던 고부 갈등을 걱정했다.

여자 친구의 호소는 몇 번 더 이어졌다. 그리고 혼자 사는 여자 친구 집에서 잔 날, S는 그녀가 베란다에서 괴성을 지르다 허공을 보며 욕하는 모습을 발견했다. 달밤에 본 그 모습은 괴기스러웠고, 이웃의 신고로 경찰까지 출동했다.

알고 보니 그녀는 조현병(정신 분열증) 병력이 있었다. 치료가 잘되었다고 생각해 굳이 말하지 않았다고 했다. S는 자신에게 그런 사실을 전혀 알리지 않고 결혼하려 한 여자 친구의 행동에 충격을 받았다. 수십 번 생각했지만 믿음이 깨져 도저히 평생을 함께할 수 없을 것 같아 파혼하고 말았다.

부부의 경우, 정신 질환은 정당한 이혼 사유인 '기타 혼인을 계속하기 어려운 중대한 사유'에 해당하는지가 초점이다. 이에 관한 대법원 판결은 '부부의 일방이 정신병적인 증세를 보여 혼인 관계를 유지하는 데 어려움이 있어도 그 증상이 가벼운 정도에 그치거나, 회복이 가능한 경우에는 상대방 배우자는 사랑과 희생으로 그 병의 치료를 위하여 전력을 다해야 할 의무가 있고, 이러한 노력도 해 보지 않고 정신병 증세를 이유로 혼인 관계를

　　　　　　　　　　　　선택하지 않을 자유

계속하기 어렵다고 주장하여 곧 이혼 청구할 수는 없다'라고 한 바 있다.

그러므로 병력 같은 문제는 결혼 전 미리 상대에게 밝히고, 만약 상대에게 병력이 있다면 이해하고 도우면서 살 수 있을지, 아닌지를 냉정하게 따져 봐야 한다.

결혼 전 소위 '착한 사람 콤플렉스'가 찾아오는 경우가 많다. 주위에서 상대에 관해 좋지 않은 충고를 듣고 불안해져도 자신이 안고 가는 걸로 결론을 내린다. 하지만 스스로 '내가 과연 잘할 수 있을까?'를 끊임없이 의심하며 자칫 나쁜 사람으로 보일까를 두려워 한다면 결혼 생활이 불행해질 확률이 높다.

행복해져야만 한다는 집착 때문에 스스로 눈을 감아 버린 건지, 정말로 주위 사람들이 억지스러운 참견을 하는 건지 진지하게 살펴야 한다.

PART 2

온전히
나로부터
시작하는 삶

결혼, 못 하는 게 아니라
안 하는 겁니다

'비혼주의자'는 자신의 의지로 결혼하지 않은 사람을 말한다. 이 단어를 처음 들은 때는 2000년대 초반으로 기억한다. 당시 나 역시 비혼주의자였으면서도 '비혼? 결혼이면 결혼이고 독신이면 독신이지, 비혼은 뭐지? 유별나네……' 하고 넘겼던 것 같다.

과거 싱글들을 무조건 미혼(결혼을 전제로 한 싱글)이라 불렀다면 이제는 싱글들 스스로 비혼을 표방하고 그렇게 불러 달라는 요구가 거세다. 사회 규정과 흐름에 따르지 않고 자기 의지를 반영한 혼인 상태(marital status)라는 것이다. 〈저 결혼 못 하는 게 아니라, 안 하는 겁니다〉라는 일본 드라마 역시 비혼이란 단어가 말하는 바를 설명한다. 만약 비혼의 개념을 알고도 스스로를 미혼이라 규정한다면 '결혼하려는 싱글'로 해석할 수 있을 것이다.

사실 '싱글(single)'이란 말도 영어로는 애매한 점이 있다. 법적으로는 결혼하지 않았음을 말하지만, 사적으로는 사귀는 사람도 없는 진짜 홀몸일 때 그렇게 일컫는다. 국내에서는 조금 더 넓게 쓰는 듯하다. 누군가와 미래를 약속하고 진지한 관계를 이어갈 때는 SNS 등의 개인 프로필에 '인게이지드(engaged)'로 상태를 표기한다. 약혼식을 하지 않은 사람도 스스로 인식이 그러하다면 그렇게 표현한다.

결혼을 선택하지 않는 이유

요즘 많은 20~30대가 비혼주의를 외치는데 이유를 물으면 (특히 여자는) '결혼하면 살기가 너무 힘들어져서', '아이 낳고 책임지는 게 싫어서', '아무리 살펴도 마음에 드는 사람이 없어서'란 답이 돌아오는 때가 많다.

사회·경제 환경의 변화에 따라 결혼 후 개인의 삶이 팍팍해지는 경우를 많이 본다. 서로를 향한 사랑과 별개로 하루하루를 살아 내는 일이 결혼 때문에 더욱 힘들어지는 것이다. 시댁, 처가와 가족으로 엮이면서 극심한 스트레스를 받는 경우, 한쪽이 집안일을 거의 하지 않아 두 몫을 치우며 요리와 빨래하는 경우, 일에서 더 성장하고 싶지만 아이가 생기면서 전업주부나 청년 실업자가 되는 경우 등 다 저녁 어스름이 순식간에 눈앞을 덮는 일처럼 결혼 공포심을 키우는 사례다.

가끔 "우리 부모님, 조부모님 세대는 결혼해서 집도 사고, 아이도 몇이나 낳아 대학 공부 다 시키지 않았냐?"라며 시대착오적인 소리를 하는 사람이 있다. 하지만 당장 결혼한 사람들 몇 명과 대화만 나눠도 상황이 완전히 달라졌다는 사실을 깨달을 수 있다.

어떻게든 대학에 가면 직장이 생기고, 아이를 많이 낳으면 커서 밭이든, 공장이든 가서 돈을 벌어 오고, 그 돈으로 집을 사면 집값이 오르고, 일하는 동안 아이들은 자기들끼리 놀다 저녁 때 들어오는 세상이 아니다. 경제적으로 여유롭지 않으면 학자금, 집 대출금을 갚아야 한다. 해고되지 않기 위해 일과 공부도 치열하게 해야 하고, 매일 살림에다 아이가 생기면 육아도 부부가 오롯이 맡아야 한다.

홍콩에서는 살인적 월세를 감당하지 못해 결혼하고도 부모 집에 오래도록 얹혀사는 건 물론, 저소득층 부부 중 각자 부모 집에서 헤어져 사는 경우까지 생겼다고 한다. 먼 나라 이야기가 아니라 점점 그런 추세다. 대가족이 와해된 지금, 결혼한 사람들이 직접 할 일은 급격히 늘어난 상태이며 결혼식을 올리고 함께 사는 여건도 여의치 않다.

결혼해서 삶의 질이 나아지는 경우도 있긴 하다. 결혼과 함께 홍콩에 온 여성 중 어른들의 말처럼 '신수가 훤해진' 사람들을 보았다. 한국에 있는 시댁을 찾을 일이 거의 없으며, 육아와 가사는 대부분 도우미에게 맡긴다. 주위 환경 때문인지 남편들도 더 가정적으로 행동하고자 한다. 그녀들은 결혼 생활에 만족스러워하며 한국으로 돌아가지 않으려 한다. 결혼 제도가 아닌 어떤 결혼이냐가 중요하다는 사실을 보여 주는 지점이다.

따라서 비혼을 주장하는 사람들에게 "만약 결혼해서 지금과 똑같이 살 수 있거나 오히려 편하게 살 수 있다면?", "아이를 원치 않을 경우, 안 낳을 수 있다면?", "육아 문제를 해결할 수 있다면?" 하고 물으면 "그럼 결혼하죠!"라는 대답이 상당수다.

그러나 경제적·현실적 문제뿐만 아니라 원래 결혼 생각이 있었고 추진도 했었는데 계획이 어그러졌거나, 마음에 드는 사람을 도저히 찾을 수 없어 비혼을 선언하는 사람, 진지하게 돌아보니 상대나 조건이 어떻든 안 하는 편이 더 행복할 것 같아 비혼 결심을 굳힌 사람들도 있다.

결혼이란 제도를 거부할 뿐 연인이 있거나, 혼인 신고 없이 오래 동거를 지속하는 경우, 이혼 후 다른 사람을 만나는 경우, 법적으로 사실혼 관계를 인정받는 경우 등 연애 관계까지 파헤치면 수많은 사연이 존재한다. 그렇게 현재 한국 사회에는 다양한 비혼이 급속도로 증가하고 있다.

비혼이라는 이름의 다양한 삶의 방식

'브란젤리나 커플', 브래드 피트와 안젤리나 졸리는 아이 여섯을 키우면서도 동거만 지속하다 2014년 비공개 결혼식을 올렸다. 2005년부터 사귀기 시작했으니 최소한 10년은 결혼하지 않은 상태로 산 것이다. 안젤리나 졸리가 강경한 비혼주의자였기 때문이라고 하는데 결국 아이들의 축복을 받으며 결혼했다. 그로부터 2년 후 마치 잘 짜인 비극처럼 그들은 이혼 소송 절차를 밟게 됐다. 이번에는 브래드 피트가 충격으로 비혼을 선언했다고 한다.

이웃에 대가족을 이루며 장수하다 돌아가신 할머니가 있었다. 할아버지와 혼인하지 않은 상태로 평생을 사신 데다 할아버지의 법적 부인과 자녀는 따로 있다는 사실을 듣고 충격을 받은 적이 있다. 할머니가 결혼을 원치 않으셨다고 한다.

할머니는 엄밀히 말해 '비혼주의자'였던 걸까? 아니면 단순히 내연녀였던 걸까? 비슷한 관계가 의외로 흔하다는 사실을 외국에 살면서 깨달았는데, 외국이라 많다기보다 드러내도 흠 잡지 않는 문화라 그렇게 느낀 게 아닐까. 재산 문제 등으로 법적 결혼 상태만 유지한 채 여생을 배우자와 거의 마주치지 않고 지내는 사람들도 많은데, 이 경우는 비혼주의자가 아닌 걸까?

'비혼 같은 결혼' 상태를 수십 년째, 자발적으로 즐기고 있는 어느 분께 "본인을 기혼자라고 생각하세요? 아니면 비혼자?"라고 묻는다면 '그런 걸 왜 묻지? 이상하네……'라고 생각할 게 틀림없다. 푸른색, 빨간색, 초록색이 섞인 나뭇잎을 보고 '이 나뭇잎은 무슨 색인가?'를 고찰하는 꼴이다.

복잡한 요즘 세상에서는 비혼도, 결혼도 단순한 문제가 아니며 그 사이에는 광대한 삶의 영역이 존재한다. 사르트르는 "인생은 B(Brith)와 D(Death) 사이의 C(Choice)다"라는 말을 남겼다.

실존주의 관념으로 접근하자면 결혼을 선택할 권리, 혹은 선택하지 않을 권리는 평생 매 순간에 걸쳐 주어진다. 뜻한 바 있어 비혼으로 평생을 사는 종교인이 아닌 한, 평범한 사람들은 얼마든지 자신의 '주의'를 바꿀 수 있으며 결정한 순간만큼은 그것이 사실이다.

다만 상대가 있다면 쌍방의 동의가 필수다. 결혼도 연애도 혼자가 아닌 둘이 하는 것이다.

잘 사귀다가 한쪽이 결혼하지 않겠다는 이유로 다툼이 생기거나 헤어지는 경우를 종종 본다. 상대의 의사가 어떤지 모르는데 만나자마자 비혼주의자임을 선언하는 일도 무척 어색하다. 하지만 상대가 결혼을 계획한다는 사실을 알고 둘의 관계가 진지해진다면 한 번쯤 얘기하고 넘어가야 한다. 반대로 결혼 안 하겠다는 상대의 의사를 가볍게 넘기거나 결혼을 강요하며 분노하는 촌극 역시 없어야겠다.

선택하지 않을 자유

비혼의
탄생과 역사

○
○

●
●

한국에서 이상하리만치 결혼과 자주 결부되는 개념이 효도다. 결혼 계획을 말하면서 "서둘러 결혼해 부모님께 효도해야죠", "부모님께 효도할 사람을 찾아요"라는 사람을 아직 볼 수 있다. 부모 역시 최고의 효도 선물로 '결혼'을 꼽는다. 전쟁을 헤쳐 온 나라라 그런지 애국도 자주 등장한다. 다자녀를 둔 기혼 부부는 '애국자'로 추어올린다.

출산율이 대한민국의 존폐를 결정할 키워드라고 호들갑을 떨더니 그 일환으로 '싱글세'를 거둬야 한다는 황당한 주장까지 나온 적이 있다. 결혼은 과연 효도이며 애국일까? 반대로 비혼은 불효에 매국일까?

결혼이 지배하는 시대

결혼이란 제도에 개인의 행복 추구, 자유연애 사상이 개입한 건 인류 역사 전체로 보면 극히 최근의 일이다. 우리나라는 조선 시대까지 임금은 물론 사대부는 상대방의 얼굴 한 번 못 보고 가문 끼리 거래하듯 하는 결혼이 당연했고, 백성을 결혼시키는 일은 중요한 '국책 사업'이었다.

〈성종실록〉에는 "인륜(人倫)의 도리는 혼인(婚姻)보다 중(重)한 것이 없고, 제왕(帝王)의 정사는 원녀(怨女: 남편이 없음을 원망하는 여자)가 없게 하는 것이 긴요하다", "나이 많은 처녀로서 가난하여 시집가지 못한 사람이 많으면, 화기(和氣)를 손상시켜 재앙을 부른다." 등의 내용이 기록될 정도였고 가뭄이나 기근이 들면 해당 지역에 노총각, 노처녀가 있지 않나 살피고 결혼시키는 일이 치정의 일환이었다. 비혼이라는 개념 자체가 성립하기 어려웠지만 혼자 살거나 끝내 자식을 보지 못한 사람은 족보에도 올리지 않았다.

합리적이었을 것 같은 유럽도 마찬가지였다. 그리스 역사가 헤로도토스가 묘사한 고대 문명국 바빌론의 결혼 시장은 여자들이 자신을 직접 매물로 내놓고 남자들이 선택하면 신부 값을 흥정하는 곳이었다. 가치가 낮은 여자는 반대로 지참금을 내야 했다.

스파르타에서는 돈보다 훌륭한 가문을 우선으로 보고 결혼했다. 따라서 결혼하지 않거나 돈만 보고 한다고 여겨지는 이들은 발가벗겨 광장에서 '조리돌림(죄를 지은 사람을 끌고 돌아다니며 망신 주는 행위)'하고 그들을 향해 모욕적인 노래를 불렀다.

중세에는 가문과 가문 사이에 돈이 오가며 권력을 키우는 수단이 결혼이었고 아내는 남편의 소유물이었다. 만화에서 로맨틱하게 그려지는, 사랑을 속삭이는 결혼은 사실상 여자가 남자의 정부로 들어가는 형태가 일반적이었다. 그 관계에서 태어난 자식은 상속권이 없었다.

정략결혼은 유럽 봉건주의 역사를 관통하는 키워드라 할 수 있는데, "전쟁은 다른 이들에게 맡기고, 너 오스트리아 복 있는 나라여, 결혼하라(Bélla geránt alii, tú felix Áustria nūbe)"란 기치로 결혼을 반복해 카를 5세 때 최대 영토를 이룬 합스부르크 왕가가 대표적 사례다.

그러나 중세의 독신자는 가장 팍팍한 삶을 살았다. 종교를 빌미로 가문을 없애는 수단이 되기도 했고 과부 및 가족 없이 혼자 사는 여자는 마녀로 몰려 종교 재판에 회부되기도 쉬웠다.

개인은 관습보다 중요하다

자유연애 사상, 비종교적 독신주의는 근대에 와서야 싹트기 시작했다. 계몽주의 철학이 널리 퍼진 18세기 말에 개인 간 청혼과 승낙을 통해 결혼하는 풍조가 고개를 들었다. 동시에 시장 경제 체제가 자리 잡으면서 낯선 도시로 모여든 젊은이들이 일을 계속하기 위해서는 고향에 돌아가기보다 가까이 있는 사람과 사랑에 빠져 결혼하는 게 합리적이었다.

19세기 스웨덴의 여성 사상가 엘렌 케이는 말했다.

"사랑은 법적 결혼 없이도 도덕적이다. 그러나 사랑 없는 결혼은 비도덕적이다."

그녀는 수평적 연애 지상주의를 펼침으로써 세계의 진보 청춘들 가슴에 불을 붙였다. 1910년대 우리나라 신여성들은 엘렌 케이의 사상에 큰 감화를 받아 김명순처럼 자유연애를 주장하거나, 최영숙 같은 유학생은 엘렌 케이를 찾아 스웨덴으로 향했다.

사랑이 결혼의 첫 번째 조건이라는, 요즘 당연하게 받아들이는 사상은 이 무렵 시작됐다. 하지만 국내에 영향을 준 속도는 느려서 도시의 모던 걸, 모던 보이들이나 연애했지 평범한 사람들, 특히 시골에서는 최근까지도 부모가 정한 상대와 결혼했다.

친구 어머니만 해도 아버지가 양반 집안이란 이유만으로 '시집보내졌다'고 한다. 물론 당시 사회 통념상 비혼, 동성애니 하는 개인의 특성은 없는 일처럼 철저히 무시되었다.

18세기 유럽에서는 종교, 군역, 수학(修學) 등 특별한 목적이 없는 순수한 독신주의, 즉 비혼주의도 모습을 드러냈다. 일찍이 고대 그리스 시대에도 철학자 중 플라톤, 에피쿠로스, 탈레스,

디오게네스 등 독신주의자가 많았지만 이들에게는 위대한 지성이라는 '명함'이 있었다. 이들의 정신을 이어받으려 했는지 칸트는 "결혼으로 여자는 자유로워지고, 남자는 자유를 잃는다"라고 결혼관을 밝혔으며 키에르케고르는 자신의 '내면에 존재하는 불안' 때문에 결혼하지 않는다고 일기에 적었다.

니체는 《차라투스트라는 이렇게 말했다》에서 "잠시 동안의 어리석은 행위들, 그대들은 이것을 사랑이라고 부른다. 그리고 그대들의 결혼은 잠시 동안의 어리석은 행위를 종결시키는 하나의 길고 긴 어리석음이다"라고 결혼관을 피력했다.

그런데 이 남성 철학자들 모두 결혼을 염두에 뒀다가 실패해 독신주의자가 되었다는 공통점이 있다.

칸트는 가깝게 지내던 여성에게 청혼을 받은 후 결혼하면 장점 354가지, 단점 350가지란 결론을 내리고 다시 찾아가 청혼했다. 하지만 이미 그녀는 다른 사람과 결혼한 뒤였다. 그녀가 청혼한 지 7년이 흐른 후였다. "결혼은 해도 후회, 안 해도 후회"란 명언을 남긴 키에르케고르는 약혼까지 했다가 '내면의 불안' 탓에 파혼했다. 니체는 두 번 청혼했다 거절당한 후 독신으로 평생을 살았다. 이 정도면 비혼주의자라서 결혼을 안 한 것이 아니라 못 해서 비혼주의자가 된, 본말전도(本末顚倒) 상황이 아닌가 싶다. 그들이 원하는 여성과 사랑에 빠져 결혼했다면 철학자로서 업적을 남길 수 있었을지 의문이지만 말이다.

여자, 불평등한 결혼에 반기를 들다

반면, 여성이 남성의 소유물로 여겨지던 당시 일부 여성들은 결혼 제도에 반기를 들었다. 계몽주의 열풍이 불었지만 남성 철학자들조차 여성을 남성보다 열등한 존재로 바라보았고 '인간'이나 '시민' 등의 개념도 남성에 한정됐기 때문이다. 여성은 결혼과 동시에 모든 법적 권리 행사를 오직 남편을 통해 할 수밖에 없었다.

1792년, 울스턴크래프트는 여성도 남성과 똑같은 인간이며 이성에 따라 스스로 판단할 수 있다고 믿었고 이를 현실화하기 위해 교육·사회적 평등을 주장하는 《여성의 권리 옹호》를 내놓았다. 이는 최초의 페미니즘 서적으로 꼽힌다.

그녀는 결혼을 거부하고 가정교사로 일하면서 스스로 돈을 벌었으나 한 남자와 사랑에 빠져 임신하고 버림받아 자살을 기도했다. 이후 오랜 친구였던 고드윈과의 사이에 다른 아이가 생겨, 완전히 독립적이며 평등한(심지어 거처를 달리하는) 관계를 보장받은 후 결혼했으나 둘째 딸을 낳은 뒤 산고로 사망했다.

미국의 수잔 B. 앤터니는 평생 여권 신장을 위해 애썼다. 특히 여성 참정권 보장 운동의 리더였다. 미국 헌법에서 여성 참정권을 명시한 조항은 '수잔 B. 앤터니 조항'이라고 불린다. 앤터니는 아버지가 죽은 뒤 여성은 혼자 어떤 법적 권리 행사도 제대로 할 수 없다는 사실에 분개해 기혼 여성의 재산권법을 제정하는

선택하지 않을 자유

여자에게 결혼은……
하나의 사건일 뿐이다.

데 결정적 역할을 했다.

또한 그녀는 "여자에게 결혼은 남자와 마찬가지로 절대 필수가 아니고 사치이며 인생 전부가 아니고 단지 하나의 사건일 뿐이다"라고 선언하며 평생 결혼하지 않았다. 마침내 19세기에는 유럽에 독신주의 바람이 불어 지식인부터 중산층에 이르기까지 많은 남녀가 홀로 지내기를 선언했다.

우리나라의 김활란, 나혜석, 임영신, 고황경, 김옥길, 정의숙 등 한국의 신여성들도 같은 이유로 독신의 삶을 살았다.

결혼이 현실이듯
비혼도 현실이다

○

○

•
•
•

15년 차 디자이너인 B는 몇 년 전까지 부모님의 결혼하라는 잔소리에 진저리를 쳤다.

"아니, 네가 부족한 게 뭐가 있어서 결혼 안 한다는 거니? 엄마, 아빠 눈 못 감는 꼴 보고 싶어?"

딸이 하나뿐이라 데릴사위를 맞아야 한다, 아무래도 전문직이 좋겠다는 고민으로 친구들과 수다를 떨던 어머니라 비혼 선언에 더 격해지신 것 같았다. 사실 B는 완전히 결혼을 거부할 생각은 아니었다. '케미'가 없는 사람과 하지 않겠다는 입장이었다.

부모님께 말씀드리지 않았지만 드문드문 소개팅도 했고, 잠깐 사귀기도 했지만 오래가지는 않았다. 평생을 사랑할 만한 사람이 나타난다면 '짠!' 하고 가족에게 소개할 작정이었는데 닦달만 당하니 도망치듯 비혼을 선언하고 만 것이다. 그 순간부터 비혼의 삶은 '훅' 나가왔다.

중국에서는 S 화장품 브랜드 광고가 화제였다. 교육 수준이 높고, 자아가 분명한 여성들이 '적당한 사람'과 하는 결혼을 거부해 전근대적 가치관을 지닌 부모와 갈등을 빚는 내용이었다.

중국에서 사회적 결혼 적령기(약 25세)를 넘긴 독신 여성은 '셩누(剩女)', 즉 '남겨진 여자'로 불리며 불완전한 존재로 취급받는다. 광고 영상에 등장한 상하이 인민 광장에는 자식의 학력, 나이, 직업 등 프로필을 붙여 '직거래'를 하려는 부모들로 인산인해를 이룬다. '결혼 시장'이 열리는 것이다.

이에 비혼 여성들은 아름답고 당당한 자신의 사진과 함께 "저는 결혼을 위한 결혼은 하고 싶지 않아요. 행복할 수 없어요" 와 같은 메시지를 붙인다. 그리고 이를 본 가족과 화해하는 모습으로 광고는 이어진다.

중국 사회에 적지 않은 울림을 줬는데 출연한 여성들은 적어도 표면적으로는 입장이 분명해 보인다.

그녀들은 말한다.

"저는 진정한 사랑을 원해요. 진정한 사랑이요."

"혼자 남더라도 행복하고 당당한 삶을 살 수 있어요."

"혼자도 행복해요. 자유롭게 살고 있고 싱글 상태를 즐기고 있어요."

하지만 '비혼의 언저리'를 서성이는 사람들이 모두 이들처럼 뚜렷한 결론에 이르렀는지는 의문이다.

비혼을 원하지 않았다

30대 중반을 넘어서자 B에게는 새로운 혼란이 찾아왔다. 타의에 의해 이미 비혼주의자가 되어 있었다. 어느 날부터 부모님은 결혼을 독촉하지 않으셨다. 대신 이렇게 말씀하셨다.

"너 보험은 들었니?"

"명절 때 어디 가지 말고 조카들과 좀 놀아 줘라. 걔들하고 서먹해서 어쩌려고 그러니?"

직접적 언급은 안 하셨지만 부모님의 말씀에서 의중이 보여 B는 조금 상처를 받았다.

일에서도 마찬가지다. 열 살 정도 어린 팀원이 "전 실장님처럼 당당하고 화려한 싱글로 살려고요. 자유롭잖아요!"라고 말했을 때 은근히 가슴 한편이 답답해졌다.

그렇다고 "나 괜찮은 남자 나타나면 당장 결혼할 건데?"라고 발랄하게 답할 생각도, 무례하다고 화를 낼 생각도 들지 않았다. 자신 역시 20대 때 선배에게 그런 말을 했던 기억이 떠올랐다. 또 여전히 아무나와 결혼할 생각이 전혀 없었다. 팀원의 말대로 어느 정도 자신의 취향이 확고해 남들 눈에 당당해 보이는 부분도 사실이었다.

결혼한 친구들도 원치 않는 공감을 들이밀기는 마찬가지였다. 남편, 시댁 욕을 실컷 한 뒤 말했다.

"아유, 난 네가 진짜 부럽다! 결혼 안 하기를 정말 잘했어. 싱글로 돌아 갈 수만 있다면 당장 돌아갈 거야!"

하지만 그런 친구일수록 남편 전화와 아이 준비물 걱정에 서둘러 집으로 발걸음을 옮겼다.

일찌감치 결혼했다가 이혼한 친구는 한술 더 떴다.

"절대 결혼하지 마. 요즘은 비혼이 대세야. 애까지 있으면 그때부터는 마음대로 되는 일이 하나도 없어."

B는 물어보고 싶은 말을 삼켰다.

'이런 식으로 결혼을 안 하는 삶이 맞는 걸까? 어느 순간 주위에 떠밀려 비혼주의자가 된 느낌이야. 이미 비혼으로 잘 살고 있는 거겠지?'

B의 혼란은 전혀 남다를 게 없다. C, D, E, F가 말했어도 한 사람의 고민으로 들릴 만큼 굉장히 보편적이다.

오쿠다 히데오의 단편 소설 〈걸〉에서 주인공 유키코는 유명 광고 대리점 직원 10년 차이고, 30대 중반이다. 세상에 재미있는 일이 많으며 꾸미는 일은 여자의 특권이라고 생각한다. 호감 있는 남자 사원이 있지만, 정작 자신은 부하 직원들에게 조금 희한

한 캐릭터로 여겨지는 데다 동창회에서 결혼한 친구들과 비교당한다. 가끔 우울감이 찾아오면 이렇게 혼잣말을 한다.

"그럼, 아마 다들 불안해하고 있을 거고, 인생의 반은 우울하게 되어 있는 걸 거야. 결혼했건 안 했건, 아이가 있건 없건 마찬가지야."

어쩌면 이 대사는 결혼 유무와 상관없이 우리 세대의 면면일 것이다. 결혼한 사람들의 한탄과 자랑도 양면적이지만 분명한 현실이다.

"아이가 소중하고 행복하지만, 나 자신이 사라지는 것 같아."

"'아내', '며느리'란 직책을 맡기 위해 취업한 느낌이야."

결혼한 사람들이 절절히 말하는 이 내용은 달의 뒷면이다. 하지만 아이가 벌인 귀여운 사고에 시름을 잊고 크게 웃는 일, 배우자의 애정 표현과 감사에 감동의 눈물을 흘리는 일은 달의 앞면이다.

누구나 상황에 따른 고민이 있고, 남이 가진 조건과 환경들이 좋아 보인다. 하지만 절대 잃고 싶지 않은 나만의 소중한 가치도 있다. 예를 들어 최소한 '케미'가 통하는 사람과 소통하며 살아야 한다고 생각하는 B의 자아가 그렇다. 그마저 놓을 정도로 결혼이 절실하다면 크게 방향을 틀고 전력 질주해야 한다.

하지만 절대 포기할 수 없는 마지막 조각이라면 상대방이 나타나지 않았을 때 비혼인 자신을 받아들여야 하는 순간도 있다.

보이지 않는 압력에 흔들리지 말 것

부탁을 받지 않은 한 타인의 삶을 두고 이래라저래라 하는 행동은 무례하다. 일본에서는 성희롱에 해당하는 '세쿠하라(Sexual-Harassment의 약어)'와 같은 방식으로 '마리하라(Marriage-Harassment의 약어)'도 널리 쓰인다. 독신인 사람에게 결혼 언제 하냐고 묻는 행동도 일종의 폭력이라는 생각에서다. 우리 사회도 이 점에 공감대가 형성되면서 적어도 같은 입장끼리는 그렇게 행동하지 않는 쪽으로 바뀌고 있다.

사실 부모가 아닌 이상, 사람들은 타인의 삶에 그다지 관심이 없다. 낡은 관습이 정한 '결혼 적령기'가 지나갈 것 같은 사람, 또는 그 가족에게 '나 이만큼 당신들에게 관심 있고 정 많은 사람이오!'를 어필하고 싶을 뿐이다. 명절 모임 등에서 결혼 이야기가 아니면 마땅히 화제가 없는 상황에 더욱 그렇다. 사회에서 부하 직원은 아부를 위해, 기혼 친구들은 신세 한탄을 위해 참견한다. 따지고 보면 모두 각자의 불안 때문이다. 그 점이 더욱 이기적으로 느껴지지만 말이다.

비혼의 언저리에 있는 사람들도 타인에게 큰 관심은 없을 것이다. 친구의 아이나 배우자, 친척 어른 자식의 취업 여부가 자신과 무슨 상관이겠는가? SNS에 올라오는 전혀 모르는 남의 물건 사진, 미남미녀가 더 흥미롭다. 하지만 우리는 최소한의 사회

선택하지 않을 자유

적 제스처를 위해 그다지 궁금하지 않은 질문이나 진실성 없는 칭찬을 던지곤 한다. 그리고 때로는 이 행동이 누군가에게 무언의 압력이 되기도 한다.

방향은 자신만이 알 수 있다

S 화장품 브랜드 광고의 마지막 메시지는 '외부의 압력이 당신의 미래를 결정하게 하지 마세요'다. 무엇보다 가장 중요한 자신의 삶이 타의에 휘둘려서는 안 된다는 것이다.

비혼을 두고 오해하기 쉬운 지점은 최근 들불처럼 일고 있는 '비혼이 이상적이니 그렇게 살자'는 주장이다. 이 역시 외부의 압력이다. 가슴 속 깊이 공감하지 않는다면, 비혼을 찬양하고 선언하며, 덩달아 '쿨한' 사람인 척 꾸밀 필요가 없다. 비혼만이 당당하고 아름답고 성공적인 삶이라는 메시지 역시 누군가의 마케팅일 수 있다.

결혼하라, 혹은 하지 말라, 아이를 낳아라, 혹은 낳지 말라. 이에 휘둘리지 않고 철저히 내면의 목소리에 귀를 기울이는 게 현명하다. 어중간하게 흘러간 인생은 돌이킬 수 없다. 비혼을 선택했거나, 결혼했다가 후회하는 사람들이 안타까워하는 건 어떤 결정적 시기에, 자신에게 가장 절실한 무언가를 놓쳤다는 점이다.

어느 쪽을 선택하든 마찬가지다. 결혼이 현실이듯 비혼도 현

그 많은 주말은 무엇을 하며 보낼지,
늙어서까지 만날 수 있는 친구와 지인은 얼마나 되는지,
나와 부모님의 건강 상태는 어떤지…….

실이므로 '형이하학적' 면도 자세히 따져야 한다. 마치 사업계획서를 쓰듯 말이다. 그 많은 주말은 무엇을 하며 보낼지, 늙어서까지 만날 수 있는 친구와 지인은 얼마나 되는지, 나와 부모님의 건강 상태는 어떤지, 형제가 있다면 누가 부모님을 모시거나 경제적 부담을 하게 될지, 저축은 얼마나 되는지, 물려받을 재산은 있을지 등등…….

반대로 결혼을 생각한다면 이 많은 문제에서 적어도 어떤 것이 결혼으로 수월해지는지, 상대가 오히려 책임을 지울 문제를 불러오는 건 아닌지, 마치 자세한 설계도를 그리듯 생각해 봐야 할 것이다. 그러면 비혼의 언저리에서 어느 쪽으로 향할지 지금보다 쉽게 답이 떠오를 것이다.

비혼의 롤 모델은
현재진행형

○

○

●

●

'결혼하지 않아도 괜찮을까?' 책 제목으로도 있을 만큼 비혼을 생각하는 사람들이 한 번쯤, 아니 여러 번 하는 고민이다. 결혼해서 행복해질 것 같지 않은데, 비혼을 선택하면 행복해질까? 셜록 홈즈, 가브리엘 샤넬처럼 흥미진진한 삶까지는 아니어도, 뭔가 재미있는 일이 계속 펼쳐질까?

비혼으로서 닮고 싶은 삶을 사는 사람이 있다면 목표라도 세울 수 있을 텐데, 주위를 살펴도 찾기 쉽지 않다. 하지만 그렇다고 아예 없지는 않다.

가까이에는 내 홍콩인 친구 A가 있다. 20대 초반에 이미 "난 결혼하지 않을 거야"라고 말했다. "앞으로 어떻게 될 줄 알고?"라며 물었지만, "확실해. 결혼하지 않을 거니까"라고 공언했다.

선택하지 않을 자유

이후 40대 중반인 현재까지 서너 번 연애했고 지금도 연애 중이지만 여전히 비혼이다. 남자 친구 역시 비혼주의자다. A에게 행복하냐고 물으면 항상 "난 행복하지!" 하고 거리낌 없이 대답한다. 일찍부터 자신의 비혼주의에 확신이 있었기 때문일 것이다.

그녀의 주장에 따르면 누군가를 사귀었을 때 적당한 시기에 결혼 생각이 없음을 밝히는 게(일종의 커밍아웃) 중요하다고 한다.

"세상에는 비혼주의자만큼 결혼주의자(?)도 많아. 최소한의 매너를 지키고 서로의 시간을 낭비하지 않으려면 가급적 빨리, 자연스럽게 말하는 게 좋아. 연애하면서 남자 친구에게 이야기해야 할 순간이라 생각해 말했더니 자기도 비혼주의자래."

A는 비혼주의를 향한 신념만큼 직업에서도 열정적으로 한 우물을 파다 보니, 어느덧 회사에서 지위도 높아졌고 누구나 감탄할 만한 굵직한 성과도 이루었다. 사생활에서는 오지 여행 전문가가 따로 없다. 나를 포함해 다른 친구들이 이탈리아 소도시, 남태평양 리조트에 열광할 때 A는 티베트 차마고도, 이란 시라즈, 페루 안데스 산맥 등 세계 구석구석을 돌아 다니며 SNS에 기록하는 일도 열심히 했다. 얼마나 가기 힘든 곳들인지 나중에야 깨달았다. 특히 회사 생활하면서 여러 오지에 발길을 딛는 일은 보통 일이 아니다.

그러나 혼자, 또는 오래된 여행 친구들과 밝게 웃는 사진에서 그녀의 행복이 맑은 개울 속 조약돌처럼 들여다보인다. 다른 중국계처럼 가족도 중요하게 여겨 여행 가지 않은 주말에는 함께 식사나 마작을 하며 보낸다. 가족이 사는 아파트에 집을 구해 때로는 같이, 때로는 따로 지낸다. 직업인으로서, 여행가로서, 가족의 일원으로서 사는 모습이 조화로워 보이는 비혼인이다.

국제통화기금 출범 이후 64년 역사상 최초의 여성 총재이자, 브렉시트 사태를 해결하느라 더욱 바빠진 크리스틴 라가르드도 따지자면 비혼이다. '프렌치 시크'를 대표하는 '패셔니스타'로도 유명한 그녀는 두 번 결혼했다가 이혼했다. 현재 사업가 크자비에 지오캉티와 10년째 파트너 관계를 유지 중이며 결혼 계획은 발표한 적 없다.

앞서간 비혼주의 지성인들의 비극

프랑스에서는 굉장히 평범한 가족 관계여서 라가르드 하면 정치적 수완과 패션 감각을 이야기할지언정 동거를 두고 왈가왈부하는 사람은 없다. 28년간 동거를 이어 가던 국회의원 진선미 씨가 (아마도) 선거 등쌀에 비혼을 포기하고 혼인 신고한 일과는 대조적이다.

한국에서 닮고 싶은 비혼의 삶을 찾기 어려운 이유는 이러한 사회의 핍박이 1순위다.

1896년 태어난 작가 김명순은 5개 국어를 했으며 에드거 앨런 포를 국내에 소개했고, 보들레르의 《악의 꽃》을 번역했다. 문학잡지 〈청춘〉에 소설 〈의심의 소녀〉로 입선한 뒤 많은 작품을 냈으며, 신문 〈매일신보〉 기자로 일했다. 하지만 사적으로는 내내 따돌림, 비난의 대상이었다. 결혼해 아이를 낳는 일만이 여염집 여인의 숙명이라고 믿었던 사회에서 철저한 비혼주의자인 동시에 자유연애주의자였기 때문이다. 어머니가 기생이어서 꼬리표처럼 따라다닌 출신 비하 외에도 데이트 폭력을 당했으나, 아무런 보호를 받지 못했으며 동료들에게조차 '남편 많은 처녀', '피임법을 알려는 독신주의자'로 불리며 조롱당했다. 고향 선배 김동인이 그녀를 모델로 문란한 여자를 묘사한 〈김연실전〉을 쓰는 등 당시 지식인이란 사람들 상당수가 그녀를 몰아세우는 데 한몫했다. 그녀는 결국 어려운 세월을 가난, 고독과 싸우다 일본의 정신병원에서 눈감았다.

시인 민병산은 충청도 제일의 부호 집안에서 태어났다. 보성중학교 재학 당시 카이로 선언을 유포한 '독서회' 사건으로 수감되지만 부유한 집안 덕에 혼자 먼저 석방되었다. 가책을 느낀 그는 책과 철학에 빠져들었는데 결국 재산, 결혼, 명예 모든 걸 포기하고 집을 떠나 홀로 살았다. 3~4년 동안 기자와 강사 생활을 한 걸 빼면 평생 글을 쓰며 입에 풀칠할 정도만 벌었다.

당시, 가문과 결혼 제도를 떠난 남자가 의탁할 손길은 없었고 말년에는 조카가 간간이 그를 돌봐 주었을 뿐이었다. 부인도,

자식도 없었기에 회갑연을 열어 줄 사람이 없었다. 친구와 후배들이 회갑연을 열어 준다고 나섰지만 그는 혼자를 택했다. 그리고 회갑연 하루 전날, 방에서 갑작스러운 죽음을 맞이했다.

조금씩 부는 변화의 바람

비혼인의 팍팍한 삶은 현재진행형이다. 현대 한국의 평범한 비혼주의자들은 일상 속에서 언제 날아올지 모르는 날카로운 시선과 참견에 노출돼 있다.

명절에 "결혼 안 하니?"라는 잔소리를 듣는 일이 시작에 불과하다면 혼자 집에서 우편물을 받을 때조차 범죄 대상이 되지 않을까 조심해야 하는 스트레스도 있다. 남편과 사별하고 비혼으로 평생을 사는 어느 분은 남들이 잘 볼 수 있도록 항상 결혼반지를 끼고 다니는데, 그래야 뭇 남자들이 얕보지 않는다고 생각한다.

어떤 사람은 아이가 없는데 은행, 병원, 심지어 비행기 안에서도 "어머님!" 소리를 듣는다. 항의도 하고 싸워도 봤지만 정감 있다며 굳어진 '어머님' 호칭은 그녀를 떠나지 않았다.

남자 비혼인의 삶도 쉽지 않다. 대기업에 다니는 지인 K는 마흔이 되어 가자 상사가 꾸지람했다.

"게이도 아니고, 결혼해서 안정돼야 일도 제대로 하지, 이대로 계속 안 할 거야?"

주말이면 상사가 권하는 소개팅에 나가야 했음은 물론이다. 중년 비혼인으로서 느끼는 압박감이 어떨지 유추할 수 있는 대목이다.

가까운 사람이라고 비혼인을 삐딱하게 보는 시선이 없으라는 법이 없다. 언제든지 가족, 친구, 동료 중에서 '오지라퍼'가 등장한다. 한국에서 비혼은 아직도 가시밭길이다. 하지만 의미 있는 일은 변화가 엿보인다는 사실이다.

비혼의 롤 모델을 어떤 기준으로 삼아야 할지 애매한 면이 있지만 각 분야에서 훌륭하게 살아가는 비혼인은 10~20년 전에 비하면 크게 늘었다. 아직 스스로 비혼을 결심한 쪽보다 결과적으로 비혼이 된 경우가 훨씬 많지만, 그들 역시 결혼한 사람들과 마찬가지로 당당히 현재를 살아간다.

실제로 "비혼이라서 행복하냐?"라고 물었을 때 "그렇다"라고 대답하는 사람이 늘고 있다. 〈동아일보〉가 딜로이트 컨설팅과 함께한 한국인의 행복 척도, '동아행복지수' 조사에 따르면 여자는 40대만 빼고 미혼이 더 행복했다. 아마도 40대는 '결혼하지 못했다'는 사회적 평가에 스트레스를 받기 때문으로 추측된다. 반면 남자는 전 세대에 걸쳐 기혼이 미혼보다 행복했다. 그만큼 한국 사회에서 결혼이라는 제도가 남자에게 유리한 쪽으로 유지됐다고도, 결혼하지 않은 남자를 향한 압박이 심하다고도 평가할

실제로 "비혼이라서 행복하냐?"라고 물었을 때
"그렇다"라고 대답하는 사람이 늘고 있다,

수 있을 것이다.

드물지만 장노년 비혼인도 눈에 띄며 개인의 행복도를 기준으로 둔다면 수많은 평범한 이가 현재 진행형으로 비혼의 롤 모델로 떠오르는 중이다.

유명세로만 보자면 성악가 조수미, 문필가 마광수(〈경향신문〉에 기고한 〈내 인생 후회되는 한 가지〉란 칼럼에서 '결혼, 결혼식'을 후회되는 것으로 꼽은 바 있다) 등이 있다.

싱글과 기혼,
서로의 선택을 존중하라

○

○

결혼 독촉 못지않게 "결혼을 안 해서, 애를 안 낳아서 철이 없다"처럼 싱글들에게 불쾌한 말이 없다. 결혼하고 애도 낳았는데 이기적이고 민폐 끼치는 사람들도 있지 않은가. 근본적으로 인간의 성숙이 어째서 결혼에 좌지우지된다는 말인가? 마더 테레사, 달라이 라마는 철없는 사람들인가? 난 기혼이지만 스스로 철이 덜 들었다고 생각하며, "아이를 키워 봐야 진짜 어른이 된다"라는 충고도 종종 듣는다.

그런 내가 보기에도 '이 사람의 세상은 10대에서 멈췄구나' 싶은 이들이 있다. 아마도 이 편협한 세상은 많고도 다양한 싱글 중에서 다음의 경우를 발견할 때, '싱글이라 철 안 들었다'라고 매도하는 게 아닌가 싶다.

가장 흔한 경우는 마치 고3 수험 기간이 영원히 계속되듯 부모에게 의존히는 싱글이다. 30~40대면 부모의 나이도 많을 것이다. 하지만 요리, 빨래, 기상 등 일상 속 여러 일을 부모에게 부탁한다. 대개 독립했겠지만, 같이 살면서 부모를 모시기는커녕 속옷 빨래까지 맡기거나 "아빠! 이따 나 좀 데리러 와", "엄마! 내 옷 드라이 맡겼어?"라는 통화 따위를 하는 사람이 의외로 많다.

따로 살아도 용돈을 받거나 반찬 준비 등을 전적으로 의존하고, 가끔 부모에게 집 청소도 하게 하는 등 진정한 독립을 이루지 못한다. 부모가 앞장서는 경우도 있다. 공부 뒷바라지에 이어 자식의 직장 생활에도 나선다.

"부장님이세요? △△ 엄마인데요. 오늘 △△가 아파서 회사를 하루 쉬어야겠어요. 일찍 퇴근하게 해 달라고 부탁드린 적도 있는데, 왜 회식을 늦게까지 한 거죠?"

부모의 품속을 떠나지 못하는 '캥거루족'은 일본에서는 1990년대 젊은이들 사이에 대거 나타나 현재는 중년층에서 '기생독신'으로 자리 잡았다고 한다. 비슷한 말로 미국에서는 트윅스터(twixter; 싱글로 부모 집에 얹혀사는 자식), 프랑스의 탕기(tanguy; 독립하지 않은 청년의 이야기를 담은 영화 이름), 영국의 키퍼스(kippers; 부모 지갑에서 연금을 축내는 자식)가 있다니 세계 추세이기도 한가 보다. 우리나라에서도 성인이 되면 결혼하고 어른 시

늉이라도 하려 했던 과거와 달리, 최근에는 드러내고 캥거루족으로 사는 사람이 훨씬 늘었다.

이런 방식이 혈육 내에서는 허용될지 모르나 혈육 밖의 사람 눈에는 철없어 보일 수 있다. 부모와 함께 살면서 가사를 전혀 하지 않는 배우자의 형제·자매가 어찌 '어른처럼' 보이겠는가. 상대방이 말로는 괜찮다고 해도 그쪽 역시 힘든 일을 도맡고 싶지 않을 것이다. 주위를 둘러봐서 누군가 일하고 있다면 자신도 그 정도는 해야 최소한의 예의 아닐까?

싱글과 기혼, 서로를 향한 오해

부모 자식 관계뿐만 아니라 친구와의 관계에서도 비슷한 예를 찾을 수 있다.

나는 기혼이지만, 일의 특수성도 있고 시간을 자유롭게 쓰기로 남편과 합의해서 삶의 리듬이 싱글과 다름없다. 오히려 아이가 있고 가정에 충실한(?) 사람들과 공통분모가 별로 없어 주로 싱글들과 어울린다.

그런데 일부 싱글은 결혼한 사람의 삶을 보는 이해도가 상당히 부족해 보인다. 즉, 결혼한 친구들이 싱글이었을 때 함께 시간을 보냈던 때처럼, 당시의 거리로 계속 지내고 싶어 하는 것이다. 머리로는 이해하지만, 상대에 대한 아쉬운 마음이 섭섭함, 토

라짐으로 표출되는 경우다.

"난 주말에만 시간 있는데 주말은 안 된다며 평일 점심에 보자고 하더라", "전에는 늘 밤에 통화했는데 결혼 후부터 저녁에 휴대폰을 꺼 놓더라", "모처럼 만나서 술 한잔하려 했는데 9시 넘으니 자리에서 일어나더라" 등 불평을 종종 들을 수 있다.

한국은 결혼을 해도 회식이며 야근을 핑계로 귀가 시간을 늦추는 정도가 심하다. 외국, 특히 서양의 선진국일수록 결혼하면 특별한 합의가 없는 한 퇴근 후, 주말 시간 대부분은 가족과 보낸다. 사회적으로 당연하게 여겨지며, 자신이 없으면 비혼주의자로 남는다. 결혼 전 총각·처녀 파티를 거창하게 하는 이유도 '행복한 구속' 생활로 들어가기 전 마지막으로 정열을 불태우는 의미가 크다.

남편 친구들은 초·중·고를 함께 다닌 사람들이라 결혼 전에는 매 주말을 같이했다. 가끔 애인이 바뀔 때를 빼면 식사, 클러빙(clubbing), 하이킹, 심지어 여행까지 함께해 '키부츠(이스라엘 생활 공동체)도 아니고 이게 뭐야?' 싶었다. 그러나 하나둘 결혼하면서 마치 축제가 끝나듯 각자의 가정으로 돌아갔다.

"이번 주말에 아내가 아울렛에 가재. 안 되겠어" 같은 대답이 흔하고도 막강한 이유가 된다. 친구가 황금연휴에 멀고 먼 시댁, 처가에 가는 일이 어리석어 보일지 모른다. 하지만 친구도 좋아서 가는 길이 아니다. 새로운 세상에 적응하며 살기로 했으므

선택하지 않을 자유

로 감수하고 즐기는 선택이다.

또 아무리 자신과 가까운 친구였어도 결혼한 순간, 친구의 첫 번째는 배우자와 자녀다. 동물적 본능에 가까운 행동인데 그 사실을 깨닫지 못해서 기혼과 싱글 친구 사이에 갈등이 종종 생기기도 한다.

아주 까다로운 시험의 순간이 친구가 배우자의 험담을 할 때다. 그렇지 않아도 친구 배우자가 '절친' 관계를 깨는 것 같아 성에 안 차는 사람이었는데, 친구의 하소연을 듣는 순간 벌컥 화가 나 함께 험담하기 쉽다.

하지만 고민을 들어주고, 힘든 상황에 공감하는 선까지가 바람직하다. 친구의 배우자를 함께 험담해 봤자, 금방 그들의 사이가 좋아질 수 있고 반대로 최악의 관계로 빠지는 데 단초 역할을 할 필요도 없다. 친구가 속이 깊지 않다면, 자신이 먼저 헐뜯었어도 배우자에게 심한 말을 한 사람에게 섭섭한 마음이 들 수 있다. 만약 친구가 정말 심각한 상황에 있고 이혼을 원하는 태도가 분명하다면 험담보다 실질적 도움을 줘야 한다.

친구의 배우자와 결혼 전부터 알았고 함께 친한 사이여도 마찬가지다. 친구와 결혼한 순간 그는 친구의 배우자이지, 자신과의 관계가 우선이 아니다. 지나치게 가깝게 지내도 친구 입장에서는 충분히 오해할 수 있어 늘 적당한 거리를 두고, 예의 있게 행동해야 한다.

예를 들어 결혼한 친구의 집은 더는 혼자의 집이 아니다. 배우자, 자식들을 포함한 가족 모두의 보금자리다. 친구가 괜찮다고 해도 방문하는 사람은 여러 가지를 생각해야 한다. 친구의 가족은 충분히 당황하거나 불편할 수 있다.

사람을 좋아하는 아버지는 툭 하면 늦은 저녁 예고 없이 친구분이나 동료를 집에 데려와 술을 드셨다. 나머지 식구들은 겉으로만 마지못해 웃을 뿐, 엄청난 스트레스에 시달렸던 기억이 생생하다. 부모님의 부부 싸움 원인이 됐음은 물론이다.

이해에 필요한 자세

달라진 환경 때문에 생긴 시각 차이로 서로 이해할 수 없는 면도 있다. 싱글은 가족을 걱정하는 마음이 있어도 일상에서 골몰하는 거의 모든 부분이 '나'와 직결된다. 회사 생활, 건강, 식도락과 여행, 인간관계를 이야기하고, 상대도 그러길 바란다. 하지만 결혼한 친구는 자꾸만 그런 화제에서 멀어지고 자신의 배우자, 아이, 시댁, 처가댁을 말한다. 입장을 바꿔 생각하지 않으면 서로를 이해하기 어렵다.

싱글 입장에서는 '결혼하더니 자기 자신을 잃고, 관심도 없는 사람들 이야기를 하려고 해서 지겹다'라고 생각하겠지만, 기혼 입장에서는 '얘는 여전히 자기만 아는구나. 알아서 하면 되는 일을 왜 이리 하소연할까?' 하고 오해할 수 있다.

서로를 이해하는 태도가 가장 이상적이다. 하지만 도저히 이해하기 어렵다면 '결혼한 친구는 이민을 갔다'고 생각하는 방법이 도움된다. 문화도 다르고, 시간도 더 적으며, 신경 써야 할 새로운 사람들이 친구 주위에 있다고 생각하는 것이다. 그렇게 이해하고 배려하면 기혼 친구도 우정을 지키고 싶어 최선을 다할 것이다.

싱글은 주위 환경, 입장이 크게 바뀌지 않기 때문에 늘 살던 대로 생각하고 행동하기 쉽다. 하지만 마지막 탈피를 하며 아름다운 날개를 펼치는 나비처럼, 성숙을 마무리할 필요가 있다. 세상에는 남이 결혼했는지, 애인이 있는지, 결혼 유무에 따라 성격이 좋은지, 나쁜지를 판단하려는 오지랖이 넓은 사람들이 많다. 배고픈 하이에나 같은 그들에게 먹이를 주지 않아야 한다.

관계를 연결하는 기술, 끊어내는 기술

○
○

●
●

나이 들수록 체감하면서 다짐한 결심이 하나 있다.

'늙어서 외롭지 말자.'

세상에 외롭고 싶은 사람이 어디 있겠는가? 하지만 체력도 떨어지고, 남에게 관심 가질 만큼 경제적, 시간적 여유가 없으면 순식간에 고독의 늪에 빠지는 것 같다.

심지어 그토록 연인, 친구가 많고 화제의 중심이었던 마드모아젤 샤넬도 고독했다. 말년에는 리츠 파리 호텔에 혼자 살며 죽기 전날까지 일에만 몰두했다고 한다.《코코샤넬 : 내가 곧 스타일이다》란 평전에는 "나는 혼자예요. 아! 그러나 혼자라는 말의 어감이 쓸쓸하고 우울하다면 그 말을 쓰지 말아야 할지도 모르죠. 그러나 혼자라는 말은 내게 도전적인 느낌을 줘요. 다만 나는

선택하지 않을 자유

내가 혼자서 자랐고, 혼자서 살았고, 혼자서 늙어 가고 있다는 말을 하고 싶을 뿐이에요"란 발언이 있다. 그녀는 스스로를 격려하고 자부심을 느끼며 산 것이다.

하지만 동시에 "나는 평생 단 한 번도 행복한 적이 없다"라는 고백을 남겼으며, 임종 당시 그토록 거리 두던 가족도 방 안에서 마지막 모습을 지켜보도록 했다고 한다.

가족이나 주변 사람과 교류가 끊긴 사람에게 생의 마지막 인연은 대개 애인이다(어쩌면 반려동물일 수도 있지만).

비혼주의자 중에는 연애가 귀찮고 싫은 사람도 있지만, 연인을 필요로 하는 사람도 많다. 하지만 '원 나이트 스탠드'든 뭐든 엮이면 좋고, 아니면 말고 식으로 자신만만했던 사람도 나이가 들면, 차츰 관계에서 안정성을 찾는 모습을 본다. 정말 자신과 맞는 사람이 아니면 차라리 사귀지 않는 게 낫다는 식이다. 잦은 만남과 헤어짐이 무의미하게 느껴져서다.

또 40대부터 성호르몬이 급격히 줄면서 여자는 남성적으로, 남자는 여성적으로 변한다고 한다. 서로 비슷비슷해지니 젊을 때보다 덜 끌리고, 새로운 만남도 부담스럽다. 따라서 연인이 있다면 가능한 한 진지하게, 평생지기처럼 관계를 유지하는 게 이상적일 것이다.

"이번에 헤어지면 앞으로 못 만날 것 같아. 또 시작하는 일이 싫어서 안 사귈 것 같아. 결혼하기 싫지만 이 사람과 오래가고 싶어……."

　남자 친구와 다툰 친구 L의 말이었다. 작은 오해로 허무하게 헤어지지 않기 위해서는 다퉈도 '만수산 드렁칡이 얽히듯' 다시 연결되는 기술이 필요하다.

사랑하니까 다툰다?

관계 초기에는 사랑하니까 다투는 경우가 많다. "술자리에서 내 친구에게 갖은 애교를 떨었다", "밤새 메시지를 보냈는데 아침에야 답을 했다"처럼 서로에게 관심이 많아 다툰다. 하지만 오래 사귀면서 온갖 습관, 사상, 경제 문제 등 자신과 상대가 마주하는 현실과의 사투가 주된 이유다.

　동업하던 지인 커플이 있었다. 한쪽은 한량처럼 유유자적하게 놀았지만, 다른 한쪽은 기획부터 세세한 일 처리까지 다했다. 결국 갈등이 빚어져 수차례 다투다 이별했다.

　'항상 서로를 사랑하고, 배려하면 다툴 일이 없다'처럼 공허한 말이 또 있을까? 사랑하지만, 배려했지만 갈등이 크다면 어떻게 해야 할까.

　"날 사랑하면 그런 행동하지 않을 것 같아. 그런데 반복하는 이유는 날 사랑하지 않으니까야."

　"사소한 행동 하나 마음에 안 든다고 사랑하지 않는다는 생각이야말로 날 사랑하지 않는 증거야."

뫼비우스의 띠처럼 보이는 이런 언쟁도 어디에서나 볼 수 있는 흔한 레퍼토리인데, 혹시 사랑이 아닌 관계의 구조적 문제 때문이 아닌지 꼭 짚어야 한다.

메이크업 아티스트 A는 7년 사권 남자 친구와 결혼까지 생각했다. 네 살 연상인 남자 친구는 장난처럼 A를 자주 놀렸다.

"따끈한 호빵 보다가 너 생각나서 못 먹었잖아. 네 얼굴이랑 똑같아서……."

처음에는 재미있어서 한참 웃기도 했었다. 그 놀림들이 비하로 들리기 시작한 때는 그의 장사 문제가 안 풀리면서였다. 어느 날 외근으로 너무 바빠 점심을 거른 A가 저녁을 허겁지겁 먹자 남자 친구는 정색했다.

"야, 돼지처럼 먹지 좀 마. 비위 상하게……."

A는 자신의 식사 매너 문제라고 생각하면서도 섭섭했다.

하지만 그런 식의 웃음기 없는 비하가 계속되면서, 결국 큰 말다툼이 벌어졌다. 그 과정에서 A가 알게 된 남자 친구는 항상 우위에 있으려는 사람이었다. 자신의 일이 잘 풀릴 때는 비하 발언을 유머처럼 표현하지만, 자존감이 떨어진 시기에는 화를 내며 상대를 탓했다.

몇 번 타이르고 부탁했으나 남자 친구는 잠깐의 사과로 그

칠 뿐이었다. A는 미래를 함께하기 어렵다는 결론을 내리고 용기 내 이별을 말했다. 20대 후반, 오랜 시간 같이한 정도 있고, 좋은 연인을 만날 자신은 없었지만 선택에 후회는 없다고 했다.

B는 평일 낮에는 사진가로, 주말에는 가끔 밴드의 객원 연주자로 일했다. 홀어머니 아래에서 자랐고 학자금 빚도 있어서 진지한 연애는 생각해 보지 않았다. 하지만 어느 여성 팬이 친근하고 사랑스럽게 다가왔다. 정신 차리고 보니 이미 사귀고 있었다고 한다. 부잣집 딸처럼 보였던 여자 친구도 자신과 가정 환경이 비슷하다는 사실을 알고 더 연민을 느꼈다.

하지만 반년쯤 지난 후 매번 충돌하는 사건에 공통점이 있음을 깨달았다.

생일 선물로 향수를 사 줬을 때는 "30ml가 뭐야? 50ml는 돼야지. 오빠, 센스 없다"라고 투덜댔고, 강변으로 여행 갔을 때는 "모텔은 싫어. 예쁜 펜션이 얼마나 많은데……" 하고 푸념했다. 그녀가 원하는 대로 하자면 더 많은 돈이 들었다.

자존심 때문에 부담을 지면서 '역시 된장녀였나?'라는 패배 의식이 꿈틀대기도 했다. 결국 B는 고민 끝에 여자 친구에게 자신의 경제 사정과 한 달에 쓸 수 있는 데이트 비용을 솔직히 털어놓았다.

크게 실망할 줄 알았던 여자 친구의 반응은 의외였다. B가 사정을 이야기하지 않았고 직업이 화려해 보여 경제적 여유는 있지만 성의나 센스가 없는 줄 알았다고⋯⋯. 돈을 쓸 때도 적극적이어서 그런 고민이 있는지 몰랐다고 했다.

둘은 횟수를 줄이더라도 만족하며 만날 수 있는 데이트를 하고 여자 친구도 데이트 비용을 지금보다 더 힘닿는 대로 부담하기로 합의했다.

풀어야 할 다툼, 끊어야 할 다툼

대화하면서 서로 이해하고 발전적 방향으로 변화가 생기면 그 관계는 언제까지나 지속돼도 좋다. 하지만 처음부터 풀 수 없이 얽힌 관계임을 깨달았다면 미안함과 정에 휘말려 더 큰 고통을 부르기보다 서로의 길을 가는 편이 낫다.

다툼의 양상도 중요하다. 안 풀리는 다툼들은 다음과 같다.

한쪽이 성질을 못 참고 소리 지르면 다른 한쪽이 더 큰 소리 나는 사태가 싫어서 넘어가는 경우, 양쪽 다 자기주장만 하다가 상대의 약점을 공격하는 경우, 주위 사람에게 상대방을 험담하는 경우, 갈등이 극대화된 순간 한쪽이 그 장소를 벗어나 오랜 시간이 흐른 후 돌아오는 경우 등이다. 해결되는 부분이 하나도 없으므로 어느 사례도 좋지 않다.

그보다 최악은 폭력이 동반된 다툼이다.

평범한 말다툼조차 제대로 마무리 못하고 폭력적 성향(물건

부수기, 자해, 난폭한 욕설)을 보이는 사람과는 사귀지도, 결혼은 더더욱 하지 말아야 한다.

반대로 언성이 높아지고 말다툼이 한 시간씩 이어져도 상대방의 약점을 건드리지 않고, 인격을 무시하지 않고, 폭력 근처에도 가지 않으며 어느 정도 결론이 난다면 좋은 다툼이다. 다음에 같은 이유로 갈등이 생기면 말다툼 시간이 줄어들 것이다. 이렇게 잘 다투기 위해서는 훈련이 필요하다.

감정이 격해져 뭔가 말을 뱉기 전에 '만약 이 말을 내가 듣는다면 어떨까?'를 한 번쯤 생각해 본다. 불쾌해지고 도저히 들을 수 없을 정도라면 사실이어도 상대에게 하지 않아야 할 말이다. 말하는 사람은 크게 심한 말이 아니라 생각해도 듣는 사람은 가장 나쁜 방향으로 느낀다. 폭력은 자기 물건에도 쓰지 않는다. 영화표 한 장을 찢는 행동조차 다투는 상대방은 그 물건이 자신으로 여겨질 수 있다.

"나 그때 상처 받았어"처럼 자기감정만 말하는 행동도 바람직하지 않다. 사랑이 넘칠 때는 모르지만, 기분이 상한 상대방은 '무조건 내가 위로하고 사과해야해?' 하고 부정적으로 볼 수도 있다. 주장을 내세울 때도 "너만 빼고 다 그렇게 생각해. 네가 이상한 거야"처럼 억지를 부리기보다 합리적 근거를 대면서 설명해야 한다.

결혼과 출산은
별개의 사건이다

○

○

●

●

현재 우리나라는 대체 출산율, 즉 현재 인구를 유지할 수 있는 출산율이 크게 떨어져 인구가 감소하는 추세다.

내가 어릴 때는 한 반에 최고 70명을 넘을 때도 있어서 아이들이 떠들면 선생님이 무슨 말씀을 하는지 도무지 알아들을 수 없었다. 요즘은 그 반도 안 되는 30명 이내라고 한다. 그 여파로 2023년에는 의경, 의무소방원, 산업기능 요원 등 군 대체복무 제도가 폐지된다.

미국 중앙정보국(CIA)에서 매년 발행하는 〈월드 팩트 북〉의 세계 합계 출산율(여자 한 명이 평생 낳을 것으로 예상하는 평균 출생아 수)에 따르면 2014년 한국은 1.25로 세계 최하위 수준이다. 더 심한 저출산 도시인 홍콩은 1.18, 싱가포르는 0.81이다. 모두 경쟁은 심하고 복지는 부족한 곳들이다. 한 명만 낳는 부부는 "도저히 한국에서 둘을 키울 자신이 없다"라고 이유를 말한다. 젊은 싱글들은 "지금이 자유롭고 편한데 결혼해서 아이를 키울 엄두가 나지 않는다", "비용이 없어 결혼을 못 하니 아이도 못 갖는다"라는 반응이다. 아직 우리 사회가 결혼과 출산을 분리할 만큼 현대화되지 않았기 때문일 것이다.

미국 질병관리본부(CDC)가 2016년 8월에 내놓은 보고서는 흥미로운 사실을 보여 준다. 2016년 1분기에 15~44세 여성의 출산율이 2007년 이후 10% 이상 떨어졌다는 것이다.

15~29세 여성의 출산율이 크게 줄었기 때문인데, 반면 30~44세의 출산율은 같은 기간 2015년에 비해 늘었다. 여성의 교육과 피임 확대로 10대 출산이 크게 줄었고, 여성 대부분이 30세 이후에 아이를 낳기 때문이다.

사회가 경제·교육면에서 발전하고 도시화가 이뤄질수록, 이른 출산과 다산은 보편적이거나 매력적인 선택지가 아니다. 1차 산업이 지배하는 사회에서 일꾼은 가문을 일으킬 수단이었고 특별한 유흥도 없어 평생 과업이 자식을 낳아 기르는 일이었다. 하지만 현대인은 할 일이 다양하고 행복감을 느끼는 이유가 각자 달라 자식을 낳는 시기, 자식의 수는 큰 의미가 없다.

대거 이민자를 받지 않는 한 전체적으로 젊은 층 인구는 줄고 출산 시기는 늦어지는 현상은 현대화가 진행되면 보편적으로 일어난다. 그런데 현대를 살면서도 현대인의 삶을 이해하지 못하는 사람들은 출산율이 낮은 이유를 여자 탓으로만 돌린다.

"할머니 세대는 밭일하면서도 대여섯은 너끈히 키웠고, 세계에서 출산율이 제일 높은 나라들은 다 아프리카"라며 여자들의 출산 선택권을 줄여야 한다는 황당한 주장을 하기도 한다. 하지만 여자는 출산 기계가 아니다.

낳거나 낳지 않을 선택의 문제

아이를 낳는 선택과 낳지 않는 선택에서 핵심은 개인의 욕구라고 생각한다. 사회에 의문조차 느끼지 않은 채, 결혼하고 의무적으로 아이들을 낳아야 하는 시대는 저물었다.

나는 결혼한 지 꽤 오래지만 아이가 없고 아직 시도하지 않았다. 그동안 왜 아이를 낳지 않느냐고 묻는 사람, 애국하지 않는다고 화내는 사람, 불임이라고 넘겨짚는 사람 등 별사람이 다 있었다. 한 마디라도 운을 떼면 더 귀찮아진다는 사실을 깨달아서 일부러 불임인 척하기도 한다. "안 원하는 게 아니라 원한 적이 없는 거야"라고 설명해도 이해할 사람은 거의 없지만 이게 사실이다. 그 밖에도 시험관 아기까지 시도했지만 아이가 쉽게 생기지 않자 낳지 않겠다고 선언한 부부, 애초에 결혼만 하고 아이는 갖지 않기를 선호하는 딩크족 등도 점차 늘어나는 추세다.

반대로 지인 M은 서른이 가까워지자 마치 누군가의 명령을 받는 것처럼 아이를 갖고 싶어 했다. 연애는 둘째 치고 아이를 낳기 위해 '아빠감'을 골랐고 집안의 반대를 무릅쓰고 결혼해 여러 번 시험관 시술까지 한 끝에 마침내 아이를 얻었다. 육아로 자신을 위한 시간, 소비는 급격히 쪼그라들었지만 행복하다고 한다. 이것을 어떤 사회적 이유로 설명할 수 있단 말인가?

안 낳을 선택권과 마찬가지로 원한다면 낳을 수 있는 선택권도 중요하게 여겨져야 한다. 최근에 조금 놀란 일은 앞으로도 싱글로 살아갈 것이 거의 확실하게 보이거나 비혼주의자 지인들이 조카에게 보이는 애착 때문이다. 조카 사진을 자랑스럽게 남들에게 보여 주고, 눈에 띄는 예쁜 물건을 사다 주는 이유가 단순히 조카가 귀여워서라 생각했다. 그런데 나이가 들면서 "조카를 보면 그냥 안심돼", "내가 죽으면 다 조카 것이지……"라고 말하는 사람들이 생겼다. 조카 자리에 자식을 넣어도 전혀 이상하지 않은 문장이다.

아이들을 보면 귀여워 함박웃음을 짓는 사람은 많다. 그러나 친구의 자녀에게 먼저 이모, 삼촌으로 다가가고 아이와 놀아 줄 때 가장 행복해 보이는 사람도 있다. "결혼은 싫은데 아이는 낳고 싶다"라는 비혼주의자도 있다. 자발적 싱글들은 '종족 번식 본능'이 매우 적거나 없다고 생각했는데 편견이었음을 깨달았다.

선택하지 않을 자유

싱글도 아이를 키우는 세상

방송인 허수경 씨가 정자 기증을 받아 딸을 낳고 '싱글맘'이 되었을 때, 대중은 자기 가족의 일이라도 된 듯 토론을 펼쳤다. 나도 한 마디 더하자면 그녀의 선택은 솔직했고 용기 있었다고 생각한다. 허수경 씨의 출산에 결정권이 있는 사람은 그녀 자신이다. 비록 방송을 통해서지만 딸은 "엄마가 백오십 살까지 살았으면 좋겠어요. 제가 결혼해도 엄마를 모시고 살 거예요"라며 돈독한 모녀 사이를 보여 주었다.

부모와 자녀로 이루어져야 온전한 가정이라고 생각한 과거와 달리, 한부모 가정, 조손 가정, 재혼 가정, 입양 가정 등 불완전한 가정, 도와줘야 할 가정으로 여겼던 가족 형태가 관심만 가지면 흔히 발견할 수 있을 정도로 늘었다. 그런 가정에서 자란 아이들 또한 사회에서 제 역할을 하는 구성원이고 건강하게 살아간다. 삼대가 함께 사는 일이 당연했던 시절, 부모와 떨어져 사는 핵가족은 굉장히 새롭고 진보적인 가족 형태였지만 이제 보편적이듯 말이다. 아직 갈 길이 멀지만 성적소수자(LGBT)끼리 결혼이 합법화되고 아이 입양과 공동 양육이 가능한 날도 언젠가 오리라 본다.

1968년 프랑스에서는 '5월 혁명'이 일어났다. 샤를르 드 골 정부에 맞서는 저항과 총파업으로 시작한 시위는 곧 가톨릭 교리를 따르는 보수적 사회였던 프랑스 전역에 성 평등, 반인종주의, 생태주의를 확산하는 계기가 되었다. 프랑스가 자유롭고 유연한 사회로 진입하는 데 크게 기여한 혁명이다.

1997년 프랑스의 미래 학자 자크 아탈리는 저서 《21세기 사전》에서 가족 제도를 두고 "인구에서 예술, 성, 그리고 정치에 이르기까지 실로 다양한 영역에서 일어나는 커다란 변화에 따라 그 뿌리부터 흔들릴 제도"라 말했다. 심지어 "한 사람에 이어 다른 사람과 하는 순차적 결혼은 이제 일반화되고 동시에 여러 사람과 결혼하는 시대가 열릴 것이다"라고 예언했다. 그 예언은 어느 정도 이루어져 유럽연합통계청(Eurostat) 자료에 따르면 이미 2007년 프랑스에서는 혼외 남녀 사이에 태어난 아이가 전체의 반을 넘어섰다.

성리학, 특히 주자학을 따랐던 한국도 점차 결혼, 가족과 관련해 진보적 방향으로 나갈 것이다. 싱글들도 자신의 '종족 번식 본능', '양육 본능'에 더 이상 눈감을 필요가 없다. 흔히 말하는 자식을 키울 '능력'을 생물학적 부모만이 갖춰야 한다는 발상은 구시대적이다. 굳이 능력을 따진다면 책임감과 사랑일 것이다.

과거에 만난 이스라엘인 가족은 부모도 키부츠에서 자랐고, 아이들도 어릴 때 키부츠에서 생활했다고 한다. 공동 노동, 공동 분배이니 당연히 육아도 공동이었다. 식사 때면 커다란 식당에 누구의 아이 할 것 없이 다 모이는 일상이 큰 즐거움이었다고 한다.

그녀의 선택은 솔직했고
용기 있었다고 생각한다.

미국 질병관리본부 수석 연구원 로렌 로센은 "결혼 연령 증가, 높아진 교육 수준, 여성의 노동 시장 참여라는 트렌드에 따라 출산 시기는 늦어졌지만 불임 치료 기술도 발달했다는 게 희망적"이라고 말한다.

무조건 빨리 결혼해서 아이를 낳으라고 할 게 아니라 낳고 싶을 때 낳고, 혼자서도 잘 키울 수 있게 해 주는 일이 국가의 중요한 복지 정책일 것이다. 입양 또한 비혼인들이 많이 고려하고 있다. 아직 여건은 열악하지만 적어도 '비혼이니까 당연히 출산은 하지 않아야지', '늦었으니까 못 낳겠지', '비혼인데 무슨 입양이야?'라는 편견은 스스로도 버리는 게 좋다.

국가 존속을 위해서라도 출산, 육아 복지 시스템은 발달해야만 하고, "아이는 언제쯤?", "양부모 다 계시고?"란 질문이 무례하다는 것을 모두 인지하는 날도 올 것이다.

30년쯤 후 이 글을 다시 본다면 미혼 비혼 모두 '그때는 그랬었지……' 하며 웃음 지을 수 있기를 바란다.

모든 순간,
나를 위해 쓰고 싶다

○
○

●
●

싱글이고 결혼에 큰 관심이 없는 사람도 아직까지는 '비혼주의
자'를 주장하기보다 '싱글로 살다가 좋은 사람 만나면 결혼하고,
아니면 안 하고……'란 생각이 많은 것 같다. 하지만 자신의 결정
과는 관계없이 비혼주의자처럼 보이고, 그편이 훨씬 안정된 인
상을 주는 사람들이 있다.

혼자가 더 편한 사람들

"난 대체 왜 결혼을 못(안) 한 거니?"라는 질문을 가까운 지인에
게서 가끔 듣는다. 왜냐하면 스스로 사교성이 없는 사람이라 생
각한 적 없는 데다 지적 능력이 부족한 것도 아니고, 외모로 치

자면 자신보다 낫지 않은 친구들이 다 결혼했다는 이야기다. 한탄이라기보다 왜 자신이 아직 싱글인지, 앞으로도 이렇게 사는 삶이 괜찮을지를 묻는 질문이다.

그때 "너 별로 안 친한 사람하고 오래 여행 갈 수 있어?"라고 물으면 "없다"라는 대답이 신기하게 많다. 그다지 가깝지 않은 사람과도 여행을 갔을 때, 특히 한 방에서 지내면 그 사람이 어떤 사람인지 속속들이 안다. 어떤 잠꼬대를 하는지, 생활용품은 어떤 식으로 쓰는지를 비롯해 새로운 곳을 보려 하는지, 편안한 길만 가려 하는지 등 말이다. 게다가 여행 중에 다툼이 생기면 사이가 크게 멀어진다.

그래서 친한 친구와도 여행을 꺼리는 사람이 꽤 있다. 데면데면한 사람과는 아예 가지 못하고, 절친한 사람과 가더라도 매번 실망하거나 사이가 멀어질까 봐 다음 여행은 포기한다. 그런 사람은 비혼이 더 맞는다고 생각한다. 왜냐하면 결혼은 억지로라도 사이좋게, 아주 오랜 기간을 함께해야 하는 여행과 같기 때문이다.

쉽게 남과 동화되지 않는 사람은 흔히 떠올리는 이미지처럼 예술가, 시니컬한 사람을 말하지만은 않는다. 살바도르 달리와 갈라처럼 영감 한 조각이 맞은 것만으로 불꽃이 튀어 예술가와 뮤즈로 50년 이상을 함께한 결혼도 있다.

둥글둥글 눈웃음을 잘 짓고 따뜻한 사람이어도 인간관계를 유지하는 데 있어 완벽주의를 추구하는 사람은 비혼으로 사는 삶이 스트레스가 덜하다고 생각한다.

인간에 대한 따뜻함과 신념을 지닌 연인만을 찾는 상대 또한 비혼이 더 맞을 수 있다. '타인을 존중할 수 없는 사람과 말조차 섞을 수 없어'란 생각으로 이상만 추구한 나머지 오히려 그럴듯한 가면을 쓴 사람에게 휘둘리기 쉽다. 세상에는 고고한 사람을 알아보고 다가가는 속된 사람이 너무나 많으며, 결혼 후에야 드러나는 일이 무수하기 때문이다.

결혼은 희생일까

평소 자신이 희생한다는 느낌을 자주 받는 사람도 결혼 제도와 맞지 않다. 실제 희생하느냐, 하지 않느냐는 중요하지 않다. 또 희생하더라도 거기에서 성취감, 충족감을 느끼면 상관없다. 매일 하는 고생도 누군가 알아주면 큰 보람을 느끼는 사람이 은근히 많으니까. 하지만 긴밀한 관계를 맺을수록 자신의 희생이 크고 비참하게 느껴진다면, 아예 그런 관계를 맺지 않는 편이 좋을지도 모른다.

결혼하면 원하지 않아도 소소하게 희생할 일이 많이 생긴다. 그런데 이미 희생한다는 생각이 강하면 결혼 생활을 지속하면서 불행해질 확률이 높다.

비혼 생활에서 크나큰 즐거움은
여러 가지 취미다.

C는 결혼 전 부모님께 생활비를 보내느라 자신은 마음껏 맛있는 음식을 먹거나 여행을 간 적이 없지만, 그것이 희생이라 생각하지 않았다. 오히려 자신을 다독이고 격려했다. 결혼하자 배우자와 합친 수입은 원래 수입의 두 배를 넘었지만 지출과 신경 써야 할 일도 그만큼 늘었다. 양가에 조금씩 생활비를 드리고, 배우자 부모님께 전화하고, 찾아뵙고, 경조사를 챙기는 지극히 평범한 한국식 결혼 생활이었다.

하지만 C는 자주 알 수 없는 격렬한 분노와 우울감에 빠져 전문가의 상담까지 받았다. 알고 보니 C의 희생하고 싶지 않은 마음과 불만이 무의식에 쌓여 있다가 결혼으로 인해 크게 커진 상태였다. C의 내면은 시댁이건 친정이건 돕거나 가까이하고 싶지 않았고, 오직 자신만 생각하고 싶었다. 한국이란 가족 중심 사회에서 '자신만 생각하는 이기적인 딸과 며느리'가 되는 일이 두려워 억눌렀던 분노가 폭발한 것이다. 사랑과 이해가 넘쳐 결혼한 사람들도 박탈감을 느끼고 헤어지기 쉬운 마당에 결혼은 연약했던 그녀의 내면을 좀먹는 존재였다.

누구나 사회에 속해 살고 있으므로 여러 사람과 만난다. 하지만 교류에 관심 있고, 좋아하는지를 곰곰이 생각한다면 그렇지 않은 경우도 많다.

사람을 향한 애정도를 '대인 애정지수'라 이름 짓고, 10점 만점으로 가정해 보자. 명확하게 사람을 좋아하는 사람이 8점 이상, 보통 사람들이 4~6점이라면, 3점 이하로 낮은 사람들도 분명 있다. 그들은 사람 자체를 향한 애정과 관심이 적고, 공동체 생활에서의 편의만 취한다. 대신 그 자리를 일, 취미, 동물 등 사람이 아닌 대상이 차지한다.

결혼보다 중요한 게 많은 사람들

엘리자베스 1세는 "나는 영국과 결혼했다"라고 밝히고 평생을 비혼으로 살았다(애인은 많았다). 그녀에게는 종교, 화폐, 재정 개혁 외에도 왕권 강화와 영국을 강대국으로 이끌어야 하는 막중한 과업이 있었으며, 목표를 위해 밤낮없이 일하는 걸 즐겼다. 인도 수탈의 상징, 현재까지 홍차가 생산되는 동인도 회사도 엘리자베스 1세가 설립했다.

그녀는 '대영제국'의 틀을 마련한 장본인이다. 정략결혼하는 방법도 있었을 테지만, 주변국들이 힘의 균형을 이루도록 조종하며 스스로의 힘으로 국력을 키웠다. 자신의 비혼을 자랑스럽게 여겨 버진(virgin)을 강조해 신대륙을 버지니아(Virginia)로 명명하기도 했다.

부유한 귀족 가문에서 태어난 플로렌스 나이팅게일은 열일곱 살 때 하느님의 소명을 받아 가난하고 병든 사람들을 돌보는

선택하지 않을 자유

일에 평생을 바치겠다고 선언했다. 그녀의 의지와 열정은 너무나 대단해서 서른세 살까지 결혼하지 않으며 공부와 실습을 하다가 마침내 작은 요양소 책임자가 되었다. 당시는 종교인을 제외하면 '독신'이란 개념조차 없는 시대여서 이는 굉장히 독특한 결정이었다. 서른네 살이 되던 해, 크림 전쟁이 발발했고 그녀는 준비된 인재로서 과감히 뛰어들었다. 주먹구구식에 꽉 막힌 관료주의가 팽배한 전쟁터에서 위생·간호 수칙을 만들고, 보급품을 얻고, 사망률을 낮추기 위한 연구에 매진한 결과, 수많은 사람의 생명을 구했다. 영웅이 되어 돌아온 나이팅게일은 멈추지 않았다. 영국 정부의 군 체계를 개혁했으며 간호학을 정립하고, 간호 학교와 여성 의대를 세웠다. 90년 평생을 꽉 채운 업적이다.

누구나 위인일 수 없기 때문에 우리 같은 보통 사람은 취미에 매진한다. 그 단계가 정상 범주를 뛰어넘을 때 외래어로 '오타쿠', 시쳇말로 '덕후'라고 한다. 주위에도 클래식 음악에 심각하게, 10여 년째 빠진 사람이 있다. 공연장에 가면 늘 보는 마니아들이 비슷한 자리에 앉고 함께 감상회도 갖지만 음악을 주제로 대화할 뿐 이성으로 다가오지는 않는다고 한다.

"나는 여자보다 개가 좋다.", 현대 철학에 획을 그은 염세주의 철학자 쇼펜하우어가 한 말이다. 많은 '여성혐오' 발언을 남겼던 그는 애견인이었다. 애견 이름은 '아트마(Atma; 인도 철학에서 말하는 초월적 자아)'로 매일 같이 산책했고 조각가 엘리자베스 나이에게 견상을 조각하게 했다. 심지어 개에게 유산을 물려주고, 가정부에게 자신이 사망한 후 개를 돌봐 달라고 부탁하기까지 했다. 만약 그녀가 약속을 지키지 않을 경우, 차례로 맡을 사람들 명단도 남겼다고 한다.

결혼에 관심이 생기지 않는 사람은 굳이 할 필요가 없다. 결혼하더라도 애정의 대상이 다른 곳에 향하는 걸 이해할 배우자는 그리 많지 않다.

선택하지 않을 자유

불안한 노후에
맞서는 재테크

○

○

●
●

중년을 넘기면서 비슷하게 월급받거나 프리랜서로 일하던 동료들의 삶이 확연히 달라지는 걸 느낀다. 적어도 겉으로는 그렇다. 승진을 거듭해서 화려하게 보이지만 자리를 지키려고 안간힘 쓰는 사람, 일찌감치 자기 사업을 시작해 상당한 경제력을 갖춘 사람, 마찬가지로 사업을 시도했지만 실패해 심한 어려움을 겪는 사람, 자유를 택해 예나 지금이나 프리랜서로 사는 사람 등. 대개 경제적으로 '좋은 직업'이라고 생각하는 변호사조차 다양한 상황에 놓인다. 이때 결혼 여부 또한 경제 사정을 바꾸는 요인이 된다.

　결혼의 장점이자 단점은 두 사람이 함께 작은 경제권을 만든다는 것이다. 한집에 살면서 수입은 두 배 이상이 돼 풍요로워

지거나 자기 수입이 없어져도 배우자 수입을 쓸 수 있지만, 반대로 상대의 빚까지 떠안을 수 있다.

경제권 관리, 어떻게 하고 있는가

비혼주의자의 경제권은 혼자만의 영역이다. 편할 수 있지만 복지가 닿지 않는 그늘 역시 자기 몫이다. 그래서 돈이라는 주제를 빼고 비혼을 말할 수 없다.

"전 필요한 만큼만 벌고 가끔 여행 다니면서 살려고요"라고 말하는 후배들이 꽤 있다. 다들 꿈꾸는 삶이다. 실제로 그렇게 한다면 용기를 높이 살 만하다. 그런데 그때 "너 돈은 있니?" 하고 물으면 "쓸 만큼 벌면 되죠. 저축도 조금 하고 있어요"라는 막연한 대답이 돌아오기 일쑤다.

기대 수명이 백 세, 인생의 반은 질병과 함께 살아가는 시대다. 또래 중에도 벌써 퇴행성 관절염, 디스크, 통풍 등으로 장기 치료를 받아야 하는 경우가 있다. 심지어 뜻하지 않은 병으로 세상을 뜬 분도 몇 있다. 아프고 일할 수 없는 기간은 우리의 예상 시간보다 훨씬 길며 그때 자신을 도와줄 것은 부모, 형제도 아닌 돈이다.

흔히 현재 수입의 10%를 노후 대책 자금으로 저축해야 한다고 하지만 나는 최소 30%는 필요하다고 생각한다. 평생 중 일하는 기간이 3분의 1을 넘기기 쉽지 않기 때문이다. 초반 3분의 1은 부모의 도움을 받아도, 일하는 두 번째 3분의 1 기간 동안 되갚아 가야 할지도 모른다. 나머지 3분의 1 기간은 자신의 뜻대로 몸과 머리가 움직여 주지 않는 시기다.

특히 창의적 영역에서 일하는 사람은 현재 일이 많아도 안심할 수 없다. '감 떨어지는' 현상이 언제 닥칠지 모르고 순식간에 수입이 끊어질 수 있다.

왕성하게 활동하는 연예인도 자꾸 부업, 사업 거리를 찾는 이유는 미래에 대한 불안 때문이다. 직장인의 불안은 더 크다. 위로 올라갈수록 책임과 업무는 커지지만 실적이 없으면 계약직보다 쉽게 경질되는 세상이다. 그래서 최근 승진을 거부하는 움직임도 커지고 있다고 한다. 중간에서 실무를 맡으며 '가늘고 길게' 다닐 일을 선호한다는 것이다.

노후 대비를 저축에만 의존할 수도 없다. 재테크는 저축 이상으로 중요하다. 빨리 눈뜰수록, 공부를 많이 할수록 좋다. 금리, 환율, 부동산, 금 시세, 유가 등과 세계 경제의 큰 변동은 기본적으로 알아 둬야 하며 노후의 안정적 수익원이 될 투자처가 무엇일지를 끊임없이 생각해야 한다.

지인 M은 30대 초반에 초소형 아파트 두 채를 자신의 명의로 장만했다. 주위에서 "복부인이야? 무슨 집을 벌써 두 채나

사?" 하는 놀림도 들었다. 하나는 대출을 받았고, 다른 하나에는 그동안 모은 돈을 전부 털어 넣었다. 현재 입지가 좋은 두 아파트는 시세가 폭등했다. M은 이사 걱정 없이 내 집에 살 뿐 아니라 월세 소득까지 벌고 있다. 앞으로 어떤 일을 하든 걱정할 필요가 없어졌다.

반면 또 다른 지인 S는 서울 강남에서도 최고의 입지에 보증금은 적고 월세는 많은 집에서 계속 살았다. 회사에서 지위는 높았지만 그에 맞춰 차도 바꾸며 살다 보니 실속이 별로 없었다.

월세는 계속 올랐지만 월급은 10년이 넘도록 거의 표가 나지 않게 올라 저축을 거의 못했다고 한다. 여행, 미식, 쇼핑 등으로 즐거움을 얻는 생활을 유지해야 해서 씀씀이는 좀처럼 줄일 수 없고('숨만 쉬어도 나가는 돈이 많다'라고 말한다), 이제 병이라도 나면 어디에 의탁해야 할지 답답해진다며 걱정했다.

알고 보면 모든 게 돈이다

비혼 생활에서 크나큰 즐거움이 여러 가지 취미다. 자녀 양육, 결혼에 들일 정성과 돈을 자신의 취미에 쓰며, 결코 그 즐거움이 나쁘다고 할 수 없다. 하지만 그 모든 일도 살 곳, 아플 때 치료를 받을 수 있다는 보장이 있을 때 누릴 수 있다.

경제적 면이 안정된 비혼의 삶은 풍요롭다. 먼 곳에 여행 가도, 하고 싶던 직업으로 전업해도, 취미를 위한 수집품을 집 안 가득 늘어놓아도 누구 하나 뭐라 할 사람도 없다.

이혼 후 비혼으로 반평생을 산 어느 분은 겨울에는 오로라를 보거나 스키를 타러 가고, 여름에는 별장이 늘어선 해변에서 보낸다. 오랫동안 기자로 활동하다 은퇴한 분은 꿈꾸던 플로리스트로 제2의 인생을 시작했다. 수입은 많지 않지만 하고 싶던 일을 할 수 있어 행복해했다.

하지만 알고 보면 다 돈 드는 일이다. 특히 비혼인은 돈 없이 꿈을 얘기할 수 없다. 이분들이 단지 물려받은 재산이 많고 운이 좋았을까? 절대 아니라고 본다. 언제, 어디에 있건 세상이 어떻게 돌아가는지를 책상 앞에 앉아만 있는 사람들보다 잘 아는 분들이다. 평생에 걸쳐 꾸준히 공부했고, 적절한 시기에 실천해서 인생의 마지막 3분의 1에 그 열매를 누리는 것뿐이다.

재테크 공부를 위해서는 우선 경제 정보―가장 쉬운 방법은 경제 뉴스―를 모두 읽는 습관을 들이길 추천한다. 온라인 뉴스도 넘쳐 나므로 SNS상에서 팔로를 하거나 블로그에 정리한 포스팅을 읽어도 좋다. 또 무료 강좌도 찾아보면 여러 군데 있다. 퇴근 후나 주말에 약속이 없다면 무료하게 보내느니 공부를 한 번 더 하는 게 낫다. 교류도 중요하다. 뉴스에 등장하는 세계적 '큰손'들이 서로 긴밀하게 통하는 것은 놀라울 일이 아니다.

아시아의 금융 허브인 홍콩에서는 "지금 중국 최대 온라인 유통 기업 CEO와 미국 최대 IT 기업 CEO가 B사에 와 있어" 같은 소식을 비밀스럽게 들을 수 있는데, 일상생활에서도 조금만 정성을 들이고 교류에 힘쓰면 혼자 하는 것보다 훨씬 좋은 정보를 얻을 수 있다.

다음은 소소한 투자를 통해 실전 경험을 쌓는 것이다. 아무리 좋은 정보가 있어도 실행을 안 하면 결과물은 없다. 막연히 운에만 의존하지 않도록 작은 투자 경험을 쌓아야 한다. 어떤 뉴스가 있었을 때 지수가 어떻게 움직이는지 불경기 때는 어떤 사업이 잘 되는지 살피고 투자해 보자. 자본이 아닌 노동력을 투자한다면 나이가 몇 살이든 주말 아르바이트라도 뛰어 경험을 쌓는 게 좋다. 특히 한국은 체면 때문에 지위가 괜찮지 않으면 시도를 하지 않으려고 하는데, 경험 없는 사장보다 경험 많은 사원이 훨씬 능력이 뛰어나고 인정을 받는다.

비혼의 노후를 위한 재테크

이번에는 재테크 상품에 관해 전문적으로 들어가 보자. 〈한국경제매거진〉에 실린 오종윤 한국재무설계 대표의 조언을 참고하면 삶의 수준에는 '기초 생활 수준', '적정 생활 수준', '여유 생활 수준', 그리고 '예비 자금 보유 수준' 4단계가 있다고 한다.

기초 생활 수준은 기본 의식주를 해결하는 데 필요한 수준을 말한다. 국민연금, 공무원연금, 사적연금 등 공적연금으로 부족한 경우에는 연금저축이나 연금보험 등으로 준비해야 한다.

적정 생활 수준은 사치스럽지 않은 선에서 취미 활동과 인간관계를 쌓는 삶이다. 도시 생활 기준으로 월 250만 원 내외가 들고, 은행·증권 회사·보험 회사 등의 금융 상품이 좋다고 한다.

여유 생활 수준은 1년에 1~2회 해외여행도 가고 적극적인 사회 활동도 하는 수준이다. 내 후배를 포함해 많은 비혼주의자가 꿈꾸는 삶이라 생각한다. 중소 도시 기준으로 약 350만 원 정도, 광역시 기준으로 450만 원 정도, 그리고 서울 등 대도시 기준으로 약 500만 원 정도 필요하다.

소득이 없는 상태에서 여생 내내 이 정도 생활비가 다달이 나오기가 어렵다. 대부분의 사람이 상당히 많은 자산을 스스로 마련해야 한다. 펀드, 변액보험, 중소형 임대상가, 예금·적금 등 다양한 상품을 생각해 볼 만하다.

예비 자금 보유 수준은 그 이상의 자산을 의미한다. 유산을 제외하고 비혼인 혼자 여유 생활 수준 이상을 사는 경우를 보면 부동산 임대와 사업으로 안정 궤도에 접어든 사람들이 많았다.

생활 수준과 관계없이 비혼인 누구나 준비해야 할 건 종신연금, 질병보험이나 장기간병보험이며, 사후 정리를 위해서는 사망보험이 필요하다. 직장 생활 역시 고단하지만 국민연금과 퇴직연금을 쌓기에는 더없이 좋은 수단이다.

재테크, 노후 준비란 전문가나 하는 일이고 한참 후에나 들여다볼 일이라 생각하는 비혼인이 의외로 많다. 하지만 준비가 빠를수록 미래의 불안도 덜어져 현재에도 충실할 수 있다. 무엇보다 한 번 전문적으로 상담을 받아 보면 외면하려 했던 자신의 현실이 설계도처럼 한눈에 들어오고 어려운 상황에도 무엇을 먼저 할지 길이 보일 것이다.

불행인지 다행인지, 수명은 길어져 인생의 남은 시간은 인간이 생각보다 훨씬 많아졌다. 돈, 건강, 노동력 같은 자신의 자원을 어떻게 만들고 배분하느냐에 따라 비혼의 노후가 달라진다.

선택하지 않을 자유

아름다운 삶의
마무리를 위한 자세

○

○

●
●

주위 30~40대 싱글, 비혼주의자에게 "너 늙으면 어떻게 살 거야?"라고 물으면 대부분 "그냥 지금처럼 살면 되지, 뭐 특별한 거 있겠어?"라는 반응이다.

　내 앞가림도 못하지만 가끔은 괜히 남 걱정이 되기도 한다. 집을 장만한 사람도 있지만 대부분 도시에서 비싼 월세를 내고 있으며 경제적 부분 외에도 노후 문제에 큰 관심이 없다.

실버타운, 노후를 책임질 수 있을까

한국 역사상 이토록 많은 비혼인이 나타난 때가 없어 아직 그들만을 위한 노인 정책과 주거 형태는 마련되지 않았다. 당사자는 물론, 정부도 무엇부터 어떻게 준비해야 할지 잘 모르는 게 현실이다. 고령 사회를 먼저 낮이한 외국 사례와 사별 등을 이유로 오랫동안 혼자인 현재 노인들 삶을 참고하는 일이 고작이다.

현재 미혼, 비혼인 중 실버타운, 양로원, 요양 병원 등이 자신과 관계가 있다고 생각하는 사람은 거의 없다. 그곳에 계신 노인들도 젊었을 때는 그랬을 것이다.

'노인복지주택'은 노인복지법 제32조에 따르면 '노인에게 주거 시설을 분양 또는 임대하여 주거의 편의와 생활 지도, 상담 및 안전 관리 등 일상생활에 필요한 편의를 목적으로 하는 시설'이다. 애매한 개념이라 사회 복지 기관에서 주택을 구입해 연고가 없는 노인 등을 위한 공동생활 가정으로 운영하는 경우나 실버타운도 노인복지주택으로 볼 수 있다. 실버타운은 큰 병 없는 노인들을 위한 주거 형태로 다양한 서비스 기능이 갖춰져 있다. 대표적 도심형 실버타운 업체인 S사는 식사, 청소 등 과거 며느리가 맡았던 가사 서비스를 실비에 제공하고 건강 관리, 간병, 그룹 활동 등을 전문가에게 받을 수 있어 특히 독거노인이 선호한다고 한다.

본래 실버타운, 즉 시니어 타운은 미국에서 먼저 발전했다. 1960년대 지속적 돌봄 은퇴 공동체(CCRC; Continuing Care Retirement Communities)란 이름으로 들어섰고 그 뒤 폭넓게 퍼졌다. 미국 시니어 타운은 세계 금융 위기를 만든 서브프라임 모기지 사태 때도 흔들리지 않았다. 뒤집어 보면 그만큼 경제적으로 여유가 충분한, 자산가들 위주로 입주가 가능하다는 뜻이다.

국내 실버타운도 정부 보조가 없고 거액의 보증금을 낸 후 월세와 서비스 요금을 계속 내야 하기 때문에 결코 노인 모두가 꿈꿀 수 없는 '그들만의 리그'다.

실버타운의 다른 문제는 정서적 부분이다. 살던 동네, 좋아하는 사람들, 즐겨 찾던 문화 시설이 있는 곳을 떠나 생뚱맞은 지역에 노인만 모여 사는 일이 과연 편할까? 현재 50~60대 예비 노인들만 해도 '실버타운' 이야기를 꺼내면, "난 절대 싫다 얘, 양로원이나 마찬가지잖아. 아무리 시설이 좋아도 그게 사람 사는 거니?"라고 거부감을 보이는 경우가 많다. 낯선 이들과의 공동생활에 익숙지 않은 비혼인이라면 따져 볼 일이 더 있을 것이다.

유럽은 대규모 시니어 타운을 짓는 정책보다 강력한 사회보장 제도를 활용해 개개인이 원하는 곳에서, 원하는 삶을 살 수 있도록 지원한다. 일하던 시절의 수입보다 조금 적게 지급되는 국가 노후연금을 바탕으로 개인연금, 저축 등도 최대한 자신의 노후 생활에 쓴다.

많은 중북부 유럽인이 은퇴한 후에는 스페인, 이탈리아, 프랑스 남부 등 남유럽에서의 생활을 꿈꾼다. 물가가 싸고 엄청난 일조량을 자랑하는 지역이라 저절로 "인생은 아름다워~"란 노래 가락이 흘러나온다. 스페인 남부 해안 코스타 델 솔(Costa del Sol; 태양의 해변)의 작은 도시인 푸에르토 바누스(Puerto Banus)는 은퇴한 유럽 노인들의 거대 리조트처럼 보인다. 언덕 위 그림 같은 하얀 집에 살면서 짙푸른 바다를 바라보고, 낮에 수영과 골프를 즐기며, 카페에서 커피와 담소를 나누는 일상이 그들의 삶이다.

가족 친구분은 2년 만에 세계를 일주하는 대형 크루즈 패키지에 몸을 실었다. 그편이 대도시 월세보다 싸게 들고, 새로운 곳을 여행할 수 있기 때문이다. 의료 시설도, 매일 마주치는 승객들도 있어 안심이 된다고 한다. 독립적인 유럽 노인의 성향을 잘 반영한 생활 방식이라 하겠다.

우리에게도 이렇게 안정되면서 자유로운 노후를 보장하는 복지 제도가 있으면 얼마나 좋겠냐만, 유럽 선진국은 지난 세기부터 국민 소득이 높았다. 국민은 젊을 때 소득의 상당액(최소 30% 이상, 많게는 반 이상)을 사회적 합의에 따라 국가에 맡기고 돌려받았다. 그런데 지속적으로 노인은 늘고 생산 활동이 가능한 젊은이는 줄어 현재는 연금 재정이 파탄 지경에 이른 나라가 많다. 결국 연금 제도를 크게 손봐야 한다는 이야기가 나오고 있다.

현재 국내 상황에서 100% 국가가 책임지는 복지를 기대하기는 불가능하다. 상당액의 노후 자금을 바탕으로 스스로 잘 살아갈 방법을 찾고, 현실로 만들어야 한다.

누구나 늙는다. 역사상 위인 모두에게 왔던 노화, 질병, 죽음이 자신에게 오지 않을 이유는 없다.

보다 나은 노후와 죽음까지

노화, 질병, 죽음에 대비하기 위해서는 우선 언제 은퇴할지, 병으로 갑작스럽게 쉰다면 어떻게 살지 큰 그림을 그려 보는 일이 중요하다. 자신이 도시나 시골 생활 중 어디에 맞는지 신중하게 생각해야 한다. 시골에서 태어나 자라고 대학 진학을 위해 도시로 나온 사람이 있었다. 각박한 도시 생활에 지쳐 나이가 들면 고향으로 돌아가야겠다고 생각했지만, 막상 돌아가니 당시에 있던 사람들도 없고, 새로운 환경에 적응하는 일이 늘그막에 큰 도전으로 느껴졌다. 결국 포기하고 도시로 돌아온 경우도 보았다.

목돈이 드는 주택 구입 또는 노인 전용 시설에 드는 막대한 보증금 투자는 신중해야 한다. 투기 세력이나, 겉만 번지르르한 말로 접근하는 사람이 꽤 있다.

병이 들면 어떻게 할 것인가? 젊은 비혼인 중 '고독사'만은 피하고 싶다는 생각에 친한 지인끼리 정기적으로 전화를 걸어 안부를 묻고, 아프면 간병하는 공동체를 꾸리는 경우도 늘고 있다. 이런 생각이 사회적으로 발전한 게 노인 전용 보험이다.

일본은 1995년에 이미 의료보험 기금의 31%가 노인에게 쓰일 정도로 일찍이 초고령화 사회에 진입했다. 2000년, 국가 주도로 노인의 간병, 수발에 집중한 '개호보험(介護保險)'을 신설했다. 일반 질환 외에도 간호와 수발 등 장기적 돌봄이 필요한 노인성 질환까지 보장하는 것이다.

국내에 2008년 등장한 '노인장기요양보험'은 국민연금공단에서 운영하고 국가가 일부를 지원하는 사회 보험이다. 65세 이상이거나, 65세 미만이라도 치매 등 노인성 질환이 있는 사람은 요양 시설, 재가 기관을 통해 가사 지원 서비스까지 이용할 수 있는데 국민건강보험 가입자라면 이미 내고 있는 항목이다.

문제는 수급 자격이 까다롭고 연고자 없는 비혼인이 거동을 못 하거나 정신이 불분명할 경우, 누군가 수급 신청을 도와줘야 한다. 따라서 친지 중 믿을 만한 사람이나 사회 복지 전담 공무원을 미리 대리인으로 지정해 둬야 한다. 요즘은 자식이 있어도 형편이 여의치 않거나 장기간 수발이 필요하면 요양 병원, 요양원으로 간다. 등급이 충족되면 국민건강보험과 노인장기요양보험으로 비용이 처리된다. 전문적 간병 서비스 면에서는 효율적이나 특별한 문화, 오락 시설, 커뮤니티도 없이 병든 노인만 가득한 현재 국내 요양 병원, 요양원들은 문병객도 희망적 기분이 들기 어려운 분위기다.

그래서 비교적 건강한 노인은 건강 관리를 꾸준히 할 수 있는 체육 시설, 편하게 찾을 수 있는 동네 병원과 응급 시에 바로 입원할 수 있는 대형 병원 근처를 선호하는 사람이 많다.

내가 사는 홍콩만 해도 로열 자키 클럽, 로열 요트 클럽, 크리켓 클럽 같은 영국 문물이 남긴 클럽 하우스가 어느새 노인들의 사랑방, 운동 시설 역할을 하고 있다. 가까운 거리에 대형 병원까지 있으면 각자의 집에서 여생을 마치려는 노인이 유독 많다.

일본은 정부 차원에서 전문가를 양성해 독거노인과 돌봄이 필요한 노인의 집을 방문해 관리한다. 또한 다양한 체육, 여가 활동을 할 수 있는 주민센터를 운영해 지역 친화적 복지 모델이 정착되었다.

국내에서도 장기요양보험으로 요양 보호사가 가정을 방문해 주야간 보호, 방문 요양, 방문 간호 등을 해 주는 재가 서비스를 신청할 수 있다.

마지막으로 비혼인이 고려해야 할 부분은 '품위 있는 죽음'이다. 돌이킬 수 없는 상황이 발생했을 때 안내서 역할을 할 유언을 미리 준비하자. 재산 처리뿐 아니라 의식이 없을 때의 거취, 장례 방식, 지인들에게 보내는 메시지 등을 갖췄다면 차분한 마무리로 끝을 맺을 수 있을 것이다.

PART 3

**결혼과
비혼에 관한
새로운 태도**

비혼인의 행복한
커뮤니티 라이프

○

○

1990년대 후반에서 2000년대 초반에 청춘을 보낸 사람이면 '미드' 〈프렌즈〉를 한 번쯤 봤을 것이다. 나 역시 조이의 철없음, 모니카의 결벽증, 챈들러의 소심함, 피비의 엉뚱함에 박장대소하며 보고 또 보았다. 그 배경처럼 언제든 찾아가면 왁자지껄하고, 재미있는 사건 사고가 끊이지 않고, 각자 매력이 있는 다양한 멤버가 모이는 커뮤니티가 있다면 비혼인들의 낙원일 것이다.

하지만 현실에서는 쉽지 않다. 싱글들의 커뮤니티가 있어도 하나둘 눈이 맞아 사귀거나 결혼하고, 남은 사람들끼리는 이런저런 이유로 문제가 생기는 모습들을 본다.

홍콩은 동창, 가족 커뮤니티가 사생활의 90%는 된다 싶을 만큼 배경이 비슷한 사람들끼리 평생 어울리는 경향이 있다. 아

마도 중국식 가족주의와 영국식 클럽(춤추는 클럽이 아님) 문화가
합쳐진 결과물이 아닐까 추측한다.

인간관계가 좁아지는 이유

남편 친구들의 20대는 숨 가쁘고 정신없었다. 주말에는 누군가
의 집에서 유흥을 위해, 또는 야외에서 요트나 산악 자전거 등
레저 스포츠를 하러 모였다. 회원들의 생일 파티만 해도 한 달에
두 번은 있어 선물, 파티 준비만으로 1년이 훌쩍 지나갔다.

사람들이 흩어지기 시작한 건 일부가 장기적 관계 또는 결
혼에 돌입하고부터다. 주말을 양가 가족과 보내고 아이를 낳아
돌보다 보니 모두 모일 시간이 줄어들었다. 남은 소수는 동성끼
리 게임, 식도락을 위해 만났지만 이성끼리는 군이 따로 만날 필
요를 느끼지 못했다.

들어 보면 한국 지인들의 사정도 비슷했다. 먹고살기에 급급
해 일 때문에 사람을 만나기는 해도 이성적으로 매력을 못 느끼
는 사람들과는 나이 들수록 어울리지 않는다고 한다.

"뭐 하러 만나? 어떻게 사는지 다 아는데. 사귈 것도 아니고."

기혼 이성 친구와 허물없이 어울리려 해도 상대방이 오해하
거나 그 배우자가 싫어하는 경우가 흔하다. 그래서 잡음을 피하
기 위해 소수의 동성 친구들과만 만나고(차라리 동성애자들의 싱글

커뮤니티가 활발한 듯 보인다), 차츰 이성과 어울리지 않는 비혼 생활로 접어드는 것이다.

도시에는 싱글 여성이, 시골에는 싱글 남성이 많다. 또 자발적 싱글(비혼주의자)은 여성이 많고 비자발적 싱글(미혼)은 남성이 많다. 커뮤니티 활동이라도 활발하게 하지 않으면 남녀가 순수하게 교류할 기회는 의외로 많지 않다.

오랫동안 동성하고만 어울린 비혼인 선배 P는 낯선 남자들과 함께하는 자리에 가면 뻣뻣하게 경직돼, 마치 소개팅하러 나간 사람처럼 행동하는 자신이 싫다고 한다. 또 나이가 비슷한 비혼 여자 여럿에 한참 어린 남자 소수가 낀 자리에서 큰 소리로 웃거나 실없는 농담으로 '오버'해 다음 날 내내 후회한다고 말했다.

남자 비혼인 K도 마찬가지다. 여자가 많은 음악 감상 모임에 오랜만에 참석해도 괜한 오해받고 싶지 않아 지나치게 사무적으로, 깍듯하게 남들을 대하는 자신을 발견했다.

몇몇 친한 동성과만 오랜 관계를 유지하다 보면 이런 어색함도 있지만 자기 세계가 좁아진다는 단점이 크다. 다 아는 사람들의 이야기를 해야 하고, 여행이나 행사에도 꼭 그 사람들과 가야 하고, 다른 세상을 알 정보가 줄어든다.

재클린 케네디 오나시스는 격랑 같은 삶을 살았다. 미국 역사상 최연소 퍼스트 레이디이자 당대 최고의 패셔니스타이면서 외교 사절 노릇을 담당했다. 그러나 남편의 외도에 괴로워하다

그가 암살당하는 비운을 맞았다. 이후 그리스의 선박왕 오나시스와 재혼해 국민의 비난을 받았고, 오나시스와의 불화, 그의 죽음, 상속 문제 등을 겪으며 혼자가 됐다.

하지만 초로에 비혼 출판인으로 홀로 서 뉴욕의 한 아파트에서 죽음을 맞기까지, 그녀에게는 물심양면으로 지지해 준 많은 친구가 있었다. 따지고 보면 오나시스도 그녀의 가까운 친구 중 한 명이었다.

그녀를 추억하는 이야기들을 봐도 알 수 있다. 패밀러 클라크 키어우가 쓴 《재키 스타일》에서 팻 스즈키가 백악관 파티를 회고한 부분을 보면 다음과 같은 내용이 나온다.

"제 기억에 그건 예술가들을 위한 최초의 파티였어요. 노벨 디너가 아니라 단순히 친구들을 위한 파티였죠. (중략) 재키는 마린 밴드가 로비에서 재즈를 연주한다든가 하는 멋진 계획을 세워 두었고, 남자들은 흰 장갑을 끼고 춤을 추려고 로비를 가득 메웠어요."

다음과 같은 내용도 있다.

"알고 있는 사람이 별로 없겠지만, 사실 재키와 아리스토틀 오나시스는 재키가 백악관에 있을 때부터 친구였다. 갓 태어난 아기 패트릭이 죽고 난 후, 남편 케네디의 격려를 받으며 그녀와 동생 리는 아리(아리스토틀)의 요트 '크리스티나 호'를 타고 항해를 떠났다."

상류층이어서가 아니라, 각계각층 인사와 격의 없이 친구가 되는 재키의 사교성 덕에 그녀의 비혼 시기는 외롭지 않았을 것이라 생각한다.

사실 비혼이건 아니건, 이성애자건 동성애자건, 동성과 이성을 가리지 않고 친구가 돼 커뮤니티 활동을 하는 편이 바람직하다고 본다. 진심 어린 우정으로 병문안을, 장례식에 와 줄 사람들이 그중 몇은 있지 않겠는가?

그러기 위해서는 편견을 버리는 태도가 중요하다. 나이 들수록 자기도 모르는 사이 소위 '꼰대'가 된다. 어느 날 깨달았을 때는 스스로도 어쩔 수가 없다고 한다.

우연히 새로운 사람이 익숙한 모임에 끼었을 때, 열렬히 환영은 못 해도 기꺼이 허용하자. '왜 말도 없이 낯선 사람을 데려와? 난 싫어'라는 식의 태도를 유지하면 같은 모임 사람들도 외부인을 만나지 못한다. 그 사람과 최대한 예의를 갖추면서 격의 없이 사귀면 또 새로운 인연과 이어질 수 있지 않은가?

스스로 찾아 나서는 커뮤니티 라이프

꾸준히 할 수 있는 취미, 사회 운동 커뮤니티에 가입하는 방법도 좋다. 또한 소수의 비슷한 사람끼리만 계속 모이는 폐쇄적 커뮤니티보다 남녀노소 모두에게 열린 커뮤니티가 장기적으로 낫다.

비혼끼리 모여 사는 주거 자체도 커뮤니티로서 큰 역할을 할 수 있다. 이 책에 자주 인용되는 스웨덴에서는 일찍이 1인 가구의 급증으로 공동 주거나 셰어하우스를 정책적으로 지원한다. 1990년 설립된 스톡홀름의 페르드크네펜(Fardknappen)은 1인 가구끼리 정원, 욕실, 부엌, 세탁실, 옥상 테라스, 컴퓨터실 등을 공유해 자연스럽게 공동체 생활을 할 수 있는 주택이다. 주민 대부분이 노년층이지만 커뮤니티 생활에서 활력을 얻는다. 페르드크네펜은 현재 스웨덴 내에만 40개 이상 공동 주거 지역이 있다.

뉴욕에서도 2015년, 단순 싱글 전용 아파트에서 나아가 커뮤니티 활동이 가능한 'COMMON'이 스타트업으로 탄생했다. 왁자지껄했던 학창 시절 기숙사에서 아이디어를 얻어 큰 식당과 거실, 주방, 작업 공간, 옥상 난간 등 공동 공간이 있고 기본 가구와 생필품을 제공한다. 각 층은 남자 층, 여자 층, 남녀 공용 층으로 이루어져 있으며 개인 공간은 잠금 장치가 철저하다. 세탁, 커피, 차 배달 등 생활에 필요한 서비스는 물론이고 매주 욕실 청소, 공용 공간 청소, 와이파이까지 제공한다. 필요한 일은 저렴한 월세를 내고 입주하는 것뿐이다. 마치 〈프렌즈〉의 거실 풍경이 펼쳐질 것 같다.

국내에서도 이런 시도가 속속 이어지고 있다. '함께주택협동조합'은 1인 가구만 입주할 수 있는 협동조합이다. 각 개인 방이 있지만 거실, 주방을 같이 써서 매일 저녁 자연스럽게 모일 수

선택하지 않을 자유

소수의 비슷한 사람끼리만 계속 모이는
폐쇄적 커뮤니티보다 남녀노소 모두에게 열린
커뮤니티가 장기적으로 낫다.

있는 구조다. 공과금, 공동 비용은 회의를 통해 분담한다. 1인 가구끼리 반찬을 만들고 정보를 교류하는 모임에서 발전했다.

'민중의 집' 조영권 대표는 〈세계일보〉와의 인터뷰에서 "가족이라는 형태가 붕괴되고 개개인이 소외받는 시대"라며 "민중의 집과 같은 공동체에서는 소외받는 개인들이 서로 협력하며 존재의 가치나 살아가는 의미 등을 주고받는 의미가 있다"라고 말했다.

정부가 복지 차원에서 운영하는 여성 전용 독신자 아파트도 있다. 근처에 연고지가 없는 저소득 근로자, 특히 생산직 근로자에게 우선권을 준다. 근로복지넷에서 신청하는데 서울은 과포화 상태지만 지방은 비교적 여유 있다.

아직은 서울 마포구 등 특정 지역을 중심으로 비혼 커뮤니티가 형성돼 있지만, 차츰 스웨덴처럼 전국적으로 비혼 전용 모임 공간이 생기고 마을이나 도시 등 거대 주거 형태도 바라볼 수 있다.

더 이상 혈연만이 가족이 아닌 시대다. '이웃사촌'이라는 말처럼 오래 함께 살며 서로를 아껴 주는 사람들, 온라인이든 오프라인이든 모여 뜻을 같이하는 사람들로 변화할 것이다.

홀로, 하지만 천군만마를 얻은 듯 든든하게 살아가려면 마음을 열고 서로를 존중하는 태도가 1단계다.

타인의 삶을
판단하지 않는 태도

○
○

●
●

"난 네 인생이 제일 신기해."

남자 지인 L이 운을 띄웠다. 기러기 부부에 관해 이야기하던 중이었다. L의 주장은 가족은 함께하며 의지하는 데 의미가 있으므로 기러기 부부는 할 짓이 못되며, 그럴 거면 왜 결혼했냐는 이야기였다. 심지어 자식 교육 때문에 어쩔 수 없이 떨어져 사는 경우도 아닌데 1년에 몇 차례나 외국에 나와 있는 내 행동도, 그걸 받아들이는 남편의 태도도 이해하지 못하겠단다.

"우리 의지하며 잘 살고 있거든?"

"그러니까 신기하다는 말이야."

여러 사람에게 직간접적으로 이런 이야기를 하도 많이 들어서(유사품으로 "애 안 낳을 거면 결혼 왜 했어?", "남편 분명히 바람났다"도

있다) 불쾌하지는 않았다. 분명한 건 우리가 결혼 생활 9년 차가
되도록 사이좋게 살고 있다는 거니까.

다만, 앞으로 한국 사회에서도 점점 더 친구가 이해 못할 결
혼, 사귐의 형태가 많아질 것이다. 그러면 친구는 젊은 세대를 보
며 혀를 끌끌 차거나 자식 결혼 문제로 냉가슴을 앓는 할아버지
가 될 수도 있겠다.

여자 친구들은 대체로 호의적이다.

"너 사는 모습 보면 천국 같다. 두 집 살림하며 하고 싶은 일
다 하고, 가고 싶은 데 마음껏 가고……."

나 역시 매 순간 고민이 많고 삶이 그렇게 만족스럽지만은
않다. 컵 안에 반쯤 담긴 물을 보고 각자 하는 생각은 다르다. 좋
게 보자면 한없이 좋고, 나쁘게 보자면 두 배의 걱정거리와 스트
레스가 있다.

내 삶을 평가해 달라고 부탁한 적도, 해명할 필요도 없다고
생각하지만 이 책을 빌려 단 한 번 말하자면, 국제결혼을 해서
남편의 근거지에서 산다고 해도 내 본래 일과 사람들을 놓을 생
각은 없었다. 물론 남편의 동의도 있었다.

타인의 삶에 옳고 그름을 따지지 않는 태도

보기에 따라 타인의 삶은 희한할 수 있지만 아무렇지 않을 수도

있다. 홍콩에는 워낙 국적과 배경이 다양한 사람들이 살다 보니 웬만한 사연 아니고는 남다를 게 없다. 할아버지, 할머니뻘 되는 어른들만 봐도 본래 집은 홍콩이지만 부부 중 한 분은 미국에, 한 분은 영국에 살며 자식들은 전 세계에서 왔다 갔다 하는 집안도 있고, 법률이 다른 나라에서 중혼을 해(모두와 합의한 채) 살아가는 사람도 있다.

조금 놀라웠던 경우는 부인 외에 정부 넷을 둬 주중에는 각기 한 명과 보내고, 주말에는 다 같이 파티나 운동을 하는 남자다. 그런데 각 부인은 그 삶에 매우 만족하며 오히려 남편과 이틀 연달아 함께하는 일이 부담스럽다고 한다.

어떤 부인은 홍콩이 좋아 홍콩에 살면서 일하고, 프리랜서인 남편은 중국과 미국에 일이 있어 쉴 새 없이 출장을 다니는 경우도 있고, 각각 국적이 다른 친구 커플은 홍콩에서 아이 둘을 낳고 동거 중이다.

가까운 사람들끼리도 타인의 파트너 관계에 대해 "그랬대……"만 전하지 그게 좋다, 나쁘다는 말하지 않는다. 의미도, 재미도 없기 때문이다.

한국에도 수많은 '쇼윈도 부부'가 있고, 이혼만 안 했을 뿐 별거하면서 가끔 아이와 함께 만나는 부부, 각자 상속 문제 때문에 재혼하지 않고 동거만 하는 노인분들 등 쉬쉬하지만 전통 가족 형태가 아닌 집안이 얼마든지 있다.

마흔 넘은 비혼남 지인 O는 한국에서 "너 게이냐?"란 소리를 너무 많이 들어서 이제 담담하게 "아니야"라고 고개를 젓는다.

그의 독특한 분석에 따르면 아등바등 결혼해 아이를 둔 남자일수록 '남자는 반드시 결혼해야 한다'라고, 타인에게 결혼을 종용하는 경향이 있다. 마치 동물 세계에서 짝짓기에 성공한 수컷이 위세를 부리는 일처럼 결혼과 출산을 성취로 여기고 알아달라는 의미가 담겼다고 해석했다.

'삼포세대', '오포세대'가 큰 반향을 일으킬 만큼 경제 양극화가 심해졌으며, 전통적 관점의 결혼이 가정에 큰 부담이 된 한국 사회에서는 가능한 이야기인지도 모른다.

경제와 복지 시스템이 고도로 발전하고 성 평등이 이뤄진 나라일수록 남녀 모두 결혼을 필수로 생각하지 않는다. 그들 입장에서는 비혼이나 동거로 결혼 못지않은 만족감을 얻고 제도적 불편이 없는데, 군이 법률적인 혼인 신고까지 해야 할 필요성을 느끼지 못한다.

결혼과 가족은 다시 정의된다

서양에서는 1970년대에 이미 결혼과 가족의 정의를 재정립하고 국가 차원에서 나서야 한다고 주장하는 목소리가 커졌다. 부모와 친자녀로 구성된 고전적 핵가족 외에 동거 및 사실혼과 유사한 시민연대협약(PACS), 편부모 가정, 재혼 가정, 유대인과 흑인 사회에서 전해지는 독특한 확대 가족 또는 대가족 형태 등이 기하급수적으로 늘어나 이미 현실이 되었다. 그 와중에 공식적으로는 일부다처제를 포기한 모르몬교에서 나온 근본주의 예수 그리스도 후기성도 교회(FLDS)처럼 특수한 지역에 모여 살며 일부다처제를 고수하는 사람들도 있었다.

1989년에는 덴마크에서 동성애자의 시민연대협약을 인정했고, 2001년 네덜란드에서는 세계 최초로 동성 결혼을 합헌화했다.

보수적 기독교 문화가 주류인 미국에서도 이런 복잡한 결혼과 가족 관계는 흔히 볼 수 있다.

미국 최고의 '셀레브리티'로 꼽히는 킴 카다시안 가족은 그들 자체가 독보적 콘텐츠라 할 수 있을 정도로 2000년대 미국 사회를 관통하는 '핫 이슈'다.

중심인물은 킴 카다시안의 생모인 크리스 제너다. 'OJ 심슨 사건(스포츠 스타 OJ 심슨이 부인과 정부를 살인한 용의자로 지목되었으나 변호인단의 변호로 풀려난 사건)'의 변호인인 로버트 카다시안과 결혼해 3녀 1남(코트니, 킴, 클로에, 롭)을 두었다.

그 뒤 크리스 제너는 올림픽 육상 금메달리스트 브루스 제너와 재혼해 켄달, 카일리 제너를 낳았다. 브루스 제너는 이들 외에도 두 전 부인들과의 사이에 네 자녀가 있었다. 그는 크리스 제너와 이혼한 후 성전환 수술을 거쳐 케이틀린 제너라는 이름의 여성으로 살고 있다.

크리스 제너와 그녀의 첫 번째 남편 로버트 카다시안 사이의 첫째 딸은 코트니 카다시안이다. 그녀는 전 남자 친구와의 관계에서 세 남매를 두었으나 동거만 하다가 헤어지고 현재 싱글맘이다.

크리스 제너는 연하 남자 친구와 사귀고 있으며 첫 번째 남편의 성인 크리스 카다시안으로 개명 준비 중이다.

눈이 팽팽 돌아갈 정도로 복잡한 가족사인데 보수적인 미국인들조차 이들 가족이 출연하는 리얼리티 프로그램을 '욕하면서 보는' 이유는 그 안에 현대 미국 사회의 결혼과 가족 형태, 인종, 성별 문제 등이 다양하게 녹아 있기 때문일 것이다.

미국 성공회(TEC)는 2015년 11월 1일, 결혼의 정의를 '한 남성과 한 여성(a man and a woman)' 간의 예식이란 부분에서 '이 사람들(these persons) 혹은 이 커플(the couple)'로 변경했다.

'이것은 과연 결혼인가?'에 대한 생각은 요즘처럼 변화가 가파를 때는 가능한 한 열어 두는 것이 좋다고 생각한다.

결혼은 영속적 개념이 아니다. 시대의 흐름과 그 시대 사람들의 요구에 따라 확대·축소되며 새로운 방향으로 나아간다. 결혼을 '여성들의 교환을 통한 남성 집단의 통합'으로 본 레비 스트로스의 고전적 정의가 과연 현대 사회에서 통할지 의문이다.

과거 수렵 채집 사회에서 농경 사회로, 산업 사회로, 서비스업 위주 사회로 변화하면서 사회는 고도로 복잡해졌다. 결혼과 가족이라고 그렇지 않겠는가? 이미 존재하는 각자 삶의 방식을 '이래야만 한다'는 기준으로 재단하는 일이 더 원시적이다. 그 사람 인생을 살아 줄 것도 아니지 않은가?

결혼의
경제학

○

○

●
●

고전적 경제 이론으로만 본다면 결혼은 두 사람 모두에게 이득
이 되는 행위다. 반대로 말해 안 하면 손해다.

어머니 세대까지만 해도 형편이 넉넉하지 않은 집안, 보수적
집안에서는 여자들을 대학은커녕 고등학교도 보내지 않는 경우
가 흔했다. 남자 형제의 학비를 벌기 위해 경리, 공장 노동자, 버
스 안내양 같은 최저 임금도 못 받는 일자리로 내몰려 일하거나
일찍부터 신부 수업을 받았다. 그녀들이 적성과 아무 관계도 없
는 고된 노동에서 벗어나는 방법은 결혼이었다. 지속적 발전 가
능성이 있는 직업, 대를 잇는 자산 대부분을 남자들이 쥐고 있어
그들의 법적 가족이 되어 아이를 낳는 일이 안정적 직업을 갖는
것과 같았다.

선택하지 않을 자유

반대로 남자 역시 자손, 즉 새로운 노동력이 필요했고 보수적 사회에서는 여자와의 결혼을 통해서만 얻을 수 있었다.

남자는 영화 〈국제시장〉 속 덕수(황정민 분)처럼 몸이 부서져라 일하고 여자는 아이를 많이 낳아 양육해 절약과 부동산 투자 등으로 부를 쌓는, 거의 단일 모델이자 가장 효율적 재테크가 결혼이었다.

하지만 시대가 변화하면서 여자도 교육받고 경제력을 가졌다. 동시에 결혼이 선택으로 바뀌기 시작했다. 여자들 입장에서 싱글일 때보다 삶이 나아지지 않는다면 굳이 결혼을 선택할 필요가 없어진 것이다.

결혼으로 달라진 경제 사정

남녀 모두에게 결혼은 급격한 경제 상황의 변화를 불러온다. '결혼하면 돈 모은다'가 진리였던 과거와 달리 결혼 후 형편이 나아진 사람, 그렇지 못한 사람, 그저 그런 사람 등 다양해졌다.

A는 계약직이었지만 장래가 유망한 전문직이었다. 그러나 결혼 후 임신하면서 거짓말처럼 해고당했다. 시댁은 멀고, 친정어머니는 몸이 안 좋아 혼자서 아이를 돌보았다. 맞벌이하면서 함께 갚을 것으로 생각하고 얻은 집 대출금을 매달 갚고 나면 생활비는 빠듯했다. 차량 유지비를 제외한 남편 용돈도 적은지라

개인적으로 마음 놓고 돈을 쓰기 어려워졌다.

어느 날 A는 일주일에 한 번 오는 육아 도우미 아주머니께 잠시 아이를 맡긴 후 출근길에 매일 들렀던 카페에 모처럼 갔다. 크림과 캐러멜이 잔뜩 올라간 커피는 생각보다 상당히 비쌌다.

'커피 한 잔이 사치스럽다고 느끼는 삶을 살 줄이야⋯⋯.'

A는 자기도 모르는 사이 눈물 한 방울이 떨어졌다.

B는 어릴 때부터 부모님께 무언가를 받기보다 드려야 하는 입장이었다. 부모님이 맞벌이어서 학교에 다녀오면 혼자 밥을 차려 먹고 밥을 지었다. 어른이 돼 B가 다닌 회사는 정직원들이 석박사 위주인 곳이었다. 그녀는 사무 보조였지만 홍일점이라 말 한 번씩 붙여 보는 남자 직원이 많았다. 그들이 자신과 차원이 다른 연봉을 받는다는 것, 회식에서 눈이 커질 만한 비용을 지출한다는 사실을 아는 B는 굳이 대화를 마다할 필요가 없었다. 한 회사를 5년째 다니며 겨우 대리로 승진했을 때 열 살 많은 남자를 사귀었다. 그는 곧바로 프러포즈했다.

"이제 너 고생시키기 싫다. 원하는 거 다 해 줄 테니 내 곁에만 있어."

B는 회사를 그만두고 그와 결혼했다. 일을 안 하니 씀씀이는 놀라울 만큼 커졌다. 과거에 꿈만 꾸던 브랜드 가방과 시계를 사고, 점심은 백화점에서 먹고, 쇼핑도 자주 한다. 비슷한 처지인 친구들을 만나면 한 번씩 호기 부리며 밥값을 내고, 친정 부모님

생신에는 두툼한 돈 봉투도 쥐어 드린다. 그게 행복인지는 몰라도 주위에서 '잘한 결혼'이라고 하니 만족하는 듯하다.

남자도 여성의 경제력이 좋아지면서 과거 데릴사위처럼 지위와 재산을 얻는 경우가 늘었다. 월급이 부인에게 입금돼 총각 때보다 부족한 용돈에 서글퍼하는 남자들도 많지만 말이다.

유명인도 결혼으로 폭풍 같은 경제적 변화를 겪긴 마찬가지다. 평소 '된장녀' 공포증이 있는 남자라면 무서울 정도로 스케일이 큰 여인이 바로 언론 재벌 루퍼트 머독의 전 부인 웬디 덩이다. 별명이 '서태후', '타이거 와이프'인 그녀는 중국에서 가난한 노동자의 딸로 태어났다. 그녀가 학생일 당시 중국에 머물던 50대 미국인 엔지니어 부부의 후원으로 학생 비자를 얻어 캘리포니아 주립대학교로 유학을 갔다. 그곳에서 그녀는 후원자 남자와 불륜 관계에 빠졌고, 남자가 이혼당하자 결혼해 영주권을 얻지만 2년 만에 헤어졌다.

그동안 예일대학교 MBA 코스를 밟고 영어와 서양 문화를 체득한 웬디 덩은 홍콩 스타TV에서 인턴으로 일하다 회장 루퍼트 머독을 사귀었다. 그는 32년간 지속한 결혼 생활을 정리하고 2주 만에 웬디 덩과 재혼했다.

웬디 덩은 회장의 냉동 정자로 두 딸을 출산하고 전 부인 자식들과 같은 상속 지분을 얻었다. 그러다 결혼 14년 후 토니 블레어 전 영국 총리와의 염문으로 이혼했다. 현재 그녀는 소셜 미디어, 영화제작사 경영자이자 방송사 중역을 맡고 있다.

배우 금보라 씨는 한 토크 프로그램에서 전남편 빚을 이혼한 후까지 8년 동안 닥치는 대로 일하며 갚았다고 밝혔다.

"배우자 빚은 내 빚이나 마찬가지니 같이 갚았어요."

그녀가 대가로 얻은 건 세 아이의 양육권이었지만 그들을 키우는 돈도 홀로 벌어야 했다.

국내 유명인 중에서는 유난히 결혼 후 배우자의 사업이나 도박, 보증으로 인해 빚더미에 올라 허덕거리는 사례를 쉽게 찾을 수 있다. '부부는 일심동체'란 말 때문인지 스스로 보증을 서거나 명의를 빌려주기도 하고, 배우자가 독단적으로 진 큰 빚 때문에 자신이 모은 재산을 날리기도 한다.

몸은 함께지만 지갑은 따로

많은 이가 '결혼은 현실이다'라는 상투적 말을 한다. 형편이 넉넉한 상대와 결혼하라는 것보다 어떤 경제적 상황이 벌어질지 모르고, 엄혹할 수 있다는 뜻이다. 혼자서는 자신이 어떻게 하는가에 따라 미래가 결정되고 예측하기가 비교적 쉽다. 하지만 둘, 아니 셋, 넷이 되면 구성원 중 누구에게, 어떤 일이 닥치느냐에 따라 모두의 운명이 달라진다.

그래서 결혼은 사실상 큰 도박이다. 노벨상 수상자이자 행동

경제학의 창시자 대니엘 카너먼은 '손실 회피(Loss Aversion)' 이론을 말했다. 인간은 이익으로 얻는 즐거움보다 손실로 인한 고통을 두 배 정도 크게 느낀다는 것이다.

요즘 싱글들에게 이 이론이 잘 맞는다. 결혼해서 손해 볼 것 같은 느낌을 강하게 받는 사람들은 웬만해서 결혼하려 하지 않는다. 결혼하려는 사람들도 최소한 손해 보기 싫어서 따지는 게 많다. 시기, 감정만으로 결혼을 부추기는 주위 사람들은 부부의 결혼 이후를 책임져 주지 않는다. 모든 결정은 자기의 몫이어야 한다.

프랑스인들이 흔히 "몸은 함께, 지갑은 따로"라는 말을 한다. 사랑하는 사이라도 지출, 재산은 철저하게 따로 관리한다는 이야기다. 일찍이 개인주의가 발달한 서양은 부부 사이에도 서로의 수입을 정확히 모르는 일이 흔하다. 합의한 만큼만 생활비를 부담하며 공동 재산도 그만큼 권한이 있다. 한쪽이 전업주부면 돈 버는 사람의 카드를 쓰는 게 아니라 그 사람 계좌에서 결제하되 자기 이름으로 발급된 신용카드를 쓴다. 신용은 각자 관리하고, 수입에 대한 권한은 버는 사람에게 있다.

대신 이혼할 경우 혼전 합의서가 없으면 유책 배우자 재산의 상당 부분이 상대에게 간다. 둘 사이에 수입 차이가 커도 결혼 생활을 오래 했으면 공동 재산으로 보고 이혼 시 반 이상을 분배한다. 멜 깁슨, 스필버그 감독, 해리슨 포드, 마이클 더글라스 등이 수천 억대 위자료를 주고 파산 지경에 이른 이유가 여기에 있다.

국내에서 조강지처가 시부모 병간호까지 했더라도 재산 증식에 기여도가 낮다는 이유로 보잘것없는 위자료만 받는 일이 흔한 것과는 대조적이다.

맞벌이 부부가 보편화하면서 우리나라 또한 차츰 결혼 후에도 개인의 경제권을 더 보장하는 방향으로 나아갈 것이다. 동시에 결혼하면 경제적으로 어떤 시너지 효과가 있을지를 더 꼼꼼히 따지는 실리주의도 더 널리 퍼질 것이다.

결혼을 염두에 둔다면 '네 건 내 것, 내 건 네 것'이라는 과거의 기준에만 매달리지 않고, 서로의 자원을 활용해 어떻게 해야 모두가 만족스럽고 발전적인 경제생활을 만들지 진지하게 고민할 일이다.

과거의 기준에만 매달리지 않고,
서로의 자원을 활용해 어떻게 해야 모두가 만족스럽고
발전적인 경제생활을 만들지
진지하게 고민할 일이다.

결혼은
동업이다

●
●

"애들 줄 세뱃돈 바꿨어? 봉투는 준비했고?"

"참! 깜박했네? 점심에 은행 갈 시간이 없어서……."

"회사 근처 은행에 신권 많아서 자기가 한다며?"

"나한테 확인해 보고 시간 있으면 네가 좀 하지 그랬냐?"

어느 부부 사이에나 등장하는 갈등의 한 장면이다. 나와 남편 사이도 예외는 아니다. 거의 매일 함께 공식 일정에 나서는 영국 윌리엄 왕세손과 케이트 왕세손비도 비슷한 갈등이 있으리라 짐작한다.

결혼하면 사랑을 속삭이는 시간보다 무언가를 같이 처리하는 시간이 일상의 대부분이다. 요즘 뜨거운 감자로 떠오른 부부의 가사 분담 문제도 그중 하나다.

선택하지 않을 자유

분담이 제대로 안 되는 집에 가 보면 아이는 놀 사람이 없어 칭얼거리고 엄마는 요리하면서 깨지기 쉬운 그릇을 설거지하느라 불안해한다. 아빠는 텔레비전을 보다 담배 피우러 나가는 등 혼자 산만하다. 한쪽이 지치고, 불만이 차오르는데 무슨 로맨스가 꽃피겠는가?

사소한 일도 부딪치기 마련

결혼은 성실과 신뢰로 유지되는 동업 관계다. 쉽게 한쪽을 해고하거나 장기 휴가를 줄 수도 없다. 그래서 '이 사람과 함께하면 일상이 잘 돌아갈지, 쉽게 말해 소소한 일부터 중대한 일까지 결정과 처리가 순조롭게 될지를 생각해 보면 어느 정도 결혼 생활을 점칠 수 있다.

간단하게는 여행, 진지하게는 동거나 결혼 준비 과정이 좋은 기회라 생각한다. 여행 하나만 해도 어디로 갈 것인가, 비용은 어떻게 분담할 것인가, 교통편은 무엇으로 할 것인가, 어디에 얼마나 머무를 것인가 등 결정하고 추진해야 할 일이 많다. 또 막상 가서 제대로 즐기는 일도 보통이 아니다.

요즘은 세계 방방곡곡에서 젊은 한국인 커플을 만난다. 어느 날 유럽에서 남자 친구가 어떤 기차를 타야 할지 주위에 물어보느라 쩔쩔 매는 모습을 보았는데, 예쁘게 차려입은 여자 친구는 인상을 찌푸린 채 팔짱을 끼고 서 있었다. 잠깐 봐도 남자가 리드하려다 뜻대로 안 되니 당황했고, 여자는 남자만 믿고 왔다가 원망하며 손을 놓은 모습 같았다.

결혼 준비 과정에서는 처리할 일이 많다 보니 성향 차가 극대화된다. 어쩌다 꽤 많은 커플의 결혼 준비 과정에 도우미로 다녔는데 취향, 경제관념, 가족에 대한 의존도 차이 등에 따라 커플들의 갈등도 달랐다. 파혼 확률도 높아 예식 업체들은 계약금, 위약금 등에 열을 올린다. 커플은 그토록 사랑하던 사이가 결혼식을 준비하다 깨질 줄 모르고 꿈에 부풀어 사인한다.

몇 달간 행사를 준비하는 과정에서 드러나는 다름은 길고 긴 결혼 생활에서는 더욱 크게 보이기 마련이다. 부모님 뜻에 따르는 일이 중요해서 연인 말을 들어주지 못하는 사람, 자신의 경제적 현실에 비해 기대가 지나치게 높은 사람, 끊임없이 남과 비교하며 불행해하는 사람, 뜻대로 안 되면 폭언 등 폭력적 성향을 보이는 사람, 모든 걸 상대에게 시키고 자기는 놀러 다니는 사람……결혼 후라고 사람이 바뀌는 게 아니어서 처음에는 한쪽이 참더라도 결국 큰 갈등을 빚고 만다.

분명 사랑하는데, 사랑하면 다 해결될 문제 같지만 왜 안 되는 걸까? 감정만으로 돌아가는 세상이 아니기 때문이다. 좋은 결과를 만들려면 그를 위한 시스템이 있어야 하고 구성원들의 뜻이 맞아떨어져 유기적으로 돌아가야 한다.

동업자 혹은 부부

회사에 같은 프로젝트를 진행하는 동료가 있다고 가정하자. 가볍게 수다 떨 때, 점심 먹으러 다닐 때는 참 좋은 동료인데 일만 하면 스트레스를 받고 좋은 결과가 나오지 않는다. 그런 문제 때문에 퇴사 후 친목을 이어 가도 일은 같이 하지 않는다.

부부는 사랑도 해야 하고 크고 작은 일을 365일 함께 처리하는 복합적 관계다. 분명 사랑하지만, 일 진행이 안 되면서 관계가 흔들릴 수 있다.

나 역시 결혼 전 여행과 결혼식 준비할 때 맞닥뜨린 문제점을 현재도 매일 느끼며 산다. 하지만 그럼에도 같이 살 수 있고, 소소하게 행복하다고 느끼는 이유는 대화로 풀든, 한쪽이 좀 희생을 하든, 이 동업이 그럭저럭 유지되기 때문이다.

신혼 3년 정도는 매일이 크고 작은 다툼이었는데 이제는 서로가 어떤 스타일인지, 어떤 문제가 벌어질지 알아서 화를 덜 내고 효율이 최고인 지점을 찾을 수 있다.

여행을 갔을 때는 스타일이 너무 안 맞아 다투고 따로 다니다 다른 날 돌아온 적도 있다. 지금은 휴가 일정을 맞추는 일이 문제일 뿐, 남편과 함께 가는 여행이 제일 편하다. 그 어떤 친구가 내가 가고 싶은 곳, 일어나고 싶은 시간에 맞춰 주며 쇼핑한 물건을 들어 주는 '짐꾼' 역할을 자청할 것인가? 대신 잡지 기자 출신으로 '진행병(모든 일을 기획하고 진행해야 속이 후련한 병을 말하는 업계 은어)'을 여전히 앓는 나로서는 모든 예약, 코스 선정, 지도 보기 등 웬만한 골조는 만들어 가니(이게 가장 좋은 방법임을 여러 시행착오 끝에 깨달았다) 동업자로서 나쁘지 않은 조합이다. 다툴 일을 알면서도 어찌어찌 마무리될 거라는 믿음이 생겨야 결혼이란 동업도 유지하는 것 같다.

동업은 함께 있을 때뿐 아니라 따로 있을 때도 잘 돌아가야 한다. 그런 면에서 경탄할 만큼 대단한 부부가 있다. 결혼 전부터 알고 지냈는데, 10년째 기러기 부부로 아주머니는 영국 분, 아저씨는 홍콩 분이다. 귀여운 강아지 같던 네 아이들은 어느 날 학업을 위해 영국으로 모두 떠나고 말았다. 아저씨는 홍콩에서 사업하지만, 아주머니는 아이들의 뒷바라지를 하며 영국에서 지내다 몇 달에 한 번씩 홍콩에 돌아오신다. 아저씨도 시간 날 때마다 영국에 가지만 함께할 시간이 충분하지 않다. 이런 생활을 무려 10년째 한 것이다. 하지만 이들 가족의 사랑은 건재하다. 애초에 아저씨가 이 긴 계획에 찬성했으며 취미로 즐기는 요리가 수준급이고, 가족을 위해서 장거리 여행도 마다하지 않는 분이기 때문이다.

아주머니도 사려 깊은 분으로 멀리 계시면서 홍콩의 명절이나 친지의 생일 등을 꼭 챙기신다. 그리하며 이들 가족은 몸은 떨어져 있지만 마음은 함께 있음으로써 여느 가정과 마찬가지로 일상을 지낸다.

한 가지 재미있는 점은 이 부부가 결혼 전 오래도록 사장과 비서 관계로 출장도 다니며 함께 일한 동료라는 사실이다. 그때 호흡이 잘 맞아 결혼까지 했는데 그 관계가 큰 변화 없이 백년가약을 지키는 것이다.

결혼이 본격적 동업인 부부도 굉장히 많다. 남편은 배달, 부인은 요리를 맡는 식당이 흔한 사례다. 또 다른 지인 C는 지적이고 명석하지만 사교성이 없어 창업 후 성과가 없었다. 그러나 결혼 후 사교적인 부인이 클라이언트들과 좋은 관계를 만들어 사업에 큰 힘을 얻었다. 이 경우 공적으로는 남편이 CEO지만 가장 중요한 영업을 부인이 담당하는 동업 관계로 볼 수 있다.

굴지의 화장품 소매 유통 기업인 사사(SASA)도 부부가 낸 화장품 가게가 시작이었고 국내에서도 두산 그룹의 모태인 박승직 상점에서 부인 정정숙이 화장품 박가분을 만들고 남편 박승직이 유통해 큰 성공을 거두었다.

가장이나 가솔, 외벌이나 맞벌이란 타이틀은 실제 삶에서 그리 중요한 게 아니다. 둘의 적성을 충분히 발휘해 크고 작은 일이 돌아가면 된다. 혼자 하기 어려운 일을 둘이 뭉쳐 풀고 시너지 효과를 내는 조합이다. 누구에게도 부탁하기 어렵지만 꼭 필요한 일을 해 줄 사람이 서로의 배우자라면 참 복된 결혼이라 생각한다.

결혼을 생각한다면 기념일 챙기기나 이벤트보다(사실 이 또한 일상의 일부분이겠지만) 그 사람과 가능한 한 많이 일상을 경험하고, 몸과 정신의 동료로 산다면 어떨지를 꼭 생각해 보는 편이 좋을 것이다.

선택하지 않을 자유

관계에는 언어와 국적이 중요하지 않다

○
○

•
•

가끔 '내가 국제결혼을 하지 않았다면 과연 결혼이란 걸 했을까?' 하는 생각을 한다.

'신세대', '오렌지족'이란 유행어가 신선한 말로 받아들여지던 시절에 20대 초반을 마음껏 보낸 터라, 유교 사상이 건재한 결혼관에 맞춰 결혼하기란 불가능했을 거라 추측한다.

대학교 2학년 때 만난 남자 친구의 지인 중 가장 연장자에게 여자 친구가 있었다. 그녀는 남자 친구가 "우리 집에서 술이나 마시자" 하면 술과 안주를 사 와 금방 한 상을 차렸다. 술을 따라주고, 치우는 일도 그녀의 몫이었다. 남자들의 대화에 적극적으로 참여하지 않았고, 딱히 합리적이지 않은 주장에도 맞장구를 쳤다. 처음에는 그녀가 뭔가 잘못이라도 했나 싶었지만, 시간이 흘러도 당연한 듯 시키는 남자들을 보며 그 커플은 원래 그런 관계였음을 깨달았다.

그리고 시간이 흘러 다음 연애에서 남자 친구의 부모님을 만났을 때였다. 차분하고 얌전해 보이는 모습 대신 평소 옷차림에 화장도 화려하게 했다. 게다가 숨김없이 하고 싶은 말 다해서 미움을 샀다. 그게 모든 이유는 아니었지만 결국 그와도 헤어졌다.

그 뒤 직장인이 된 난 모 결혼 잡지에 '신혼의 성' 관련 칼럼을 약 1년간 맡았다. 누가 정했는지 주제가 "남자들에게 물었다. 처녀가 아닌 여자와 결혼할 수 있나요?" 같은 내용들이었는데 '97%, 절대 용서 못한다' 따위의 결과를 정리하면서 이 나라에서 나와 결혼은 어울리지 않는다는 결론을 내렸다.

20대 후반, 당시 유행한 MSN 온라인 채팅으로 말도 안 되는 영어를 구사하며 싱가포르 친구를 사귀었다. 여행 가서 실제로 만나고, 조금씩 마음을 열 때쯤, 갑작스레 마주친 그의 어머니는 "아들을 잘 부탁한다"라며 다짜고짜 순금 목걸이를 걸어 주셨다. 너무 달랐다. 마음껏 평소의 나를 보여 줘도 오히려 칭찬과 감사 인사를 받았다. 그때 처음 국제결혼을 생각했다. 그리고 다양한 외국인들을 만나면서 국제결혼에 관한 선입견을 많이 떨쳤다.

다시 세월이 흘러 '노처녀'로 우리나라에서 온갖 구박을 받던 중 결국 홍콩 남자와 결혼했다. 결혼 발표를 했을 때 누군가에게 처음 들은 말은 "그래도 한국 사람하고 비슷해 보이는 사람이라 다행이다"였다. 그 이면에는 '한국인이 제일이지만 언뜻 비슷해 보이니 차선이네. 타 인종이면 어쩔 뻔했어?' 같은 뉘앙스가 묻어났다.

특별할 것 없는 국제결혼

국제결혼을 하고 보니 내가 특별한 경우는 아니었다. 내 어머니 세대에도 일찌감치 국제결혼을 한 한국인 여자분들을 비롯해 다른 인종 간 결혼도 흔했다. 특히 홍콩에서는 '국제결혼'이란 단어를 말하는 일이 더 어색한 상황이었다. 다만 그들의 존재, 생활을 잘 몰랐고, 보려 하지 않았던 것뿐이다. 상대방 나라의 언어를 거의 못해도 더듬더듬 단어로 말하는 장거리 연애를 거쳐 결혼한 부부, 종교가 다른 부부, 자국의 전통을 우선하는 보수주의자 부부 등 다양한 악조건 속에 탄생한 부부도 많았다.

〈결혼은 동업이다〉에서 언급한 영국인 아주머니, 홍콩인 아저씨 부부는 가끔 "도저히 말이 안 통해!"라며 우리 시어머니 등 다른 사람에게 '통역'을 부탁하신다. 처음에는 언어가 잘 안 통하나 싶었는데, 그게 아니고 아저씨는 극단적 중국인, 아주머니는 극단적 영국인인 데다 사고방식이 너무 달랐다.

그 집에 가면 영국 국민 브랜드 '로라 애슐리' 풍으로 거실을 꾸며 놓고 시간 맞춰 잉글리시 티 타임을 가지는 아주머니가 있고 옆에서 아저씨가 기름 가득한 중국 냄비(웍)에 고기를 볶으시며 광둥어로 크게 무언가를 말씀하셨다. 기러기 부부 생활에도 불구하고 일생을 함께하는 건 '이런 사람도 있을 수 있다', '이런 삶이어도 괜찮다'는 열린 마음을 지닌 사람들이기 때문이었다. 벌써 결혼한 지 30년 되신다.

"난 외국인에게는 아무 느낌도 안 들더라. 서로 가족 간에도 소통이 어려워서 싫어"라는 사람도 있는데, 그렇다면 외국어를 아무리 잘하고 국제 문화에 익숙해도 자기 나라 사람과 결혼하는 편이 낫다. 실제로 외국에서 태어나고 자랐음에도 한국에서 신붓감을 '구해 오거나' 한국으로 역이민을 가서 결혼하는 경우도 보았다.

국제결혼의 장단점은 버라이어티하다.

장점은 일단 모국만의 문화, 관습에서 해방될 수 있다. 새로운 세계를 만나고 두 사람이 조화를 이루는 과정에서 좋은 건 취하고, 나쁜 건 버릴 수 있다. 특히 여자는 가사, 육아, 제사 준비 전담 등 한국의 구습에서 상당 부분 헤어나 자신에게 보다 집중할 수 있다.

친구 어머니 N 아주머니는 오랜 세월 뒷바라지하던 남편과 사별하고 우연히 친구의 소개로 캐나다인과 재혼했다. 자주 꽃과 와인을 선물받고, 함께 오페라를 보러 가고, 피크닉을 다니면서 사랑 고백을 받는 삶이 자신에게 펼쳐질 줄 몰랐다며 지금도 어리둥절해하신다. 간단한 요리를 해 줘도 남편이 맛있다고 칭찬하며 고마워해 몸 둘 바를 모르시겠다고 한다.

다른 젊은 국제 부부들도 함께 일해 생활비를 내고, 각자의 돈으로 선물을 주고받으며 '이건 여자 일, 저건 남자 일' 같은 성 역할에 구애받지 않고 산다.

드물게 종교, 성과 이름, 생활 방식을 자신에게 맞추라고 요구하는 사람이 있다. 이런 경우는 처음에 한쪽이 잘 맞출 수 있을 것 같아도 요구하는 쪽에 어마어마한 장점이 있지 않은 한 지속되기 어렵다. 또 우리나라보다 인권 문제가 더 열악한 나라로 이민 갔다가 사기 결혼에 가까운 불행과 맞닥뜨리기도 한다.

단점은 배우자의 나라에서 살 경우 모국의 가족과 친구를 만나기 어렵다는 것이다. 정서적 유대가 한번에 끊어지는 경험이어서 상대에게 그 원망이 향한다.

나 역시 시부모님과 즐겁게 식사하는 남편, 어릴 적부터 함께한 친구들과의 모임에서 농담 주고받는 남편을 질투하던 시간이 있었다. '난 이렇게 외롭고 주위에 아무도 없는데 혼자서 잘만 웃는구나. 내 심정은 안중에도 없겠지……' 하는 비뚤어진 생각이 들었다. 상대가 많은 배려를 해 줘도 외로움은 온전히 자신의 문제이므로 근본적 해결은 되지 않는다.

국제결혼의 갈등과 소통

닥종이 인형 작가 김영희 씨는 어릴 때부터 엄마의 주부 잡지에서 본 가장 널리 알려진 국제결혼 사례였다. 《아이를 잘 만드는 여자》란 책에서 절절히 풀어낸 사연 속에 '바늘로 찌르는 듯한 외로움'이라는 표현이 등장한다. 사랑하는 남자와 꿈꾸던 독일에서 작품 생활도 왕성히 했지만 외로움이 어느 날 바늘이 되어 심장을 찌른 것이다.

또 어쩔 수 없는 문화 차이도 있다. 나의 경우 홍콩에서는 대화를 할 때 목청을 높여 이야기하는 게 당연하다면, 한국에서는 같은 톤으로 말했다가 주변의 따가운 시선을 견뎌야 한다. 또 주로 아내 말을 경청하는 시아버지와 남편은 홍콩에서 보면 멀쩡한 사람이지만 한국에서는 "아내한테 뭐 죄 지은 것 있냐?"라는 말을 듣는다.

그 밖에도 자란 환경 속 소소한 습관부터 역사관처럼 큰 부분까지 너무 다양한 차이가 있다. 가장 최근에 남편과 싸운 이유는 그가 남은 음식을 자꾸 더 작은 보관 용기에 옮겨 담아서다. 냉장고를 열어 음식을 담은 냄비를 찾으면 보이지 않았다.

"우리나라에서는 냄비째 냉장고에 넣었다가 바로 데워 먹기도 해. '직화' 냄비도 그래서 사는 거야."

"음식이 줄면 더 작은 데 넣어야지, 왜 큰 데 담아?"

남은 음식을 잘 보관하지 않고, 공간도 작은 홍콩이라서 그렇다고 이해하며 넘기기에는 남편이 무조건적으로 믿는 방식이 딱 시부모님의 방식이라 괜히 반발심이 생겼다.

가족 간에 역사 이야기가 나와도 머리가 아프다. 한국 역사에 대한 이해가 부족하다 보니 다음과 같이 말하기도 한다.

"예전에 우리는 다 같은 나라였잖아? 쓰는 말도 중국이랑 같았는데 조선의 세종대왕이 한국말 발명한 거잖아?"

악의 없이 한 식구란 사실을 강조하고 싶은 의도인가 본데, 진지하게 설명하면 시쳇말로 '진지충'이 되고, 안 하기에는 역사 왜곡의 동조자가 되는 기분이다.

이 모든 걸 극복하고 타지에서 살아남는 일은 쉽지 않았다.

반대로 외국인과 결혼해 한국에서 사는 친구 D는 "차라리 외국에서 사는 게 속 편하겠다"라고 말했다. 한국이 결코 외국인에게 친화적이지 않아서 부모처럼 모든 일을 해 줘야 한다며 답답해했다.

사람 대 사람으로 소통하면서 서로에게 동화되는 데 오랜 시간이 걸리는 것 같다. 하지만 이런 충돌을 통해 깨닫는 점, 재미도 만만치 않다.

올림픽에서 한국 팀이 메달을 딸 때, 자는 남편에게 "코리아!"를 외치면 잠결에 덩달아 "코리아!" 하며 만세를 부르고 다시 자는 모습이나, 시어머니가 장기 여행을 떠나서 위로차 시아

버지에게 갔더니 오히려 여러 요리를 해 주셔서 영화 〈음식남
녀〉 속 자상한 셰프 주사부를 떠올리는 거라든지…….

국제결혼 역시 현실

'외국인과 결혼하면 매일매일 로맨틱하겠지'라는 확신도 금물
이다. 한국에서 나고 자란 사람이 보기에는 로맨틱한 말과 행동
이지만 상대방은 그냥 예의를 지키는 차원일 수도 있다. 나 역시
남편이 항상 차 문 열어 주고 친구들 만나면 나의 자랑을 소소하
게 하지만 이제는 로맨틱하게 느껴지지 않는다. 다른 남편들도
하는 일반적 행동인 데다 오히려 그렇게 하지 않으면 무례하게
여겨진다. 시아버지도 항상 시어머니 손을 잡고 다니시며 횡단
보도를 건널 때는 보디가드처럼 보호하는데 시어머니도 그 행동
이 로맨틱하다고 생각하지 않으신다.

국제결혼도 결혼인 만큼 어느 순간에는 신선함, 환상이 사라
지고 사람 자체만 남는다. 그때부터 진짜 결혼 생활이 시작되는
지도 모른다. '나와 다른 문화에서 온 매력적인 사람'에서 '그냥
내 남편(아내)'이 되는 순간이다.

국제결혼한 사람의 "외국인이고 뭐고 사람 다 똑같아"란 말
을 그대로 받아들이면 안 된다. 그 말 안에는 숱한 기쁨과 슬픔,
갈등과 이해의 시간이 포함돼 있다.

국제결혼도 결혼인 만큼 어느 순간에는 신선함,
환상이 사라지고 사람 자체만 남는다.
그때부터 진짜 결혼 생활이 시작되는지도 모른다.

국제결혼을 '꿈꾸는' 사람이라면 내 성향이 그 모험에 적합할지, 그걸 함께 감수할 인연이 있는지, 없다면 만들어서라도 할 의향이 있는지를 진지하게 생각해 보는 편이 좋다. 국제결혼 또한 현실이기 때문이다.

선택하지 않을 자유

제도보다 '함께'를
선택하는 방법

○

○

•

•

예쁜 아이가 둘 있는 프랑스인 친구 커플은 결혼하지 않은 채 6년을 함께하고 있다. 새로운 사람을 만나면 "내 파트너 파트릭 이야. 이 개구쟁이는 줄리, 사자 닮은 얘는 알랭이야"라며 가족 을 소개한다. 아이들은 그들을 "엄마!", "아빠!"라고 부르며 굴러 다닌다.

프랑스 국립통계연구소(INSEE)에 따르면, 프랑스는 2015년 기준, 신생아의 57.9%가 결혼하지 않은 부모 사이에서 태어났다 고 한다. 또한 1980년대, 동거 커플이 급증했고 1999년에는 동거 기간 3년이 넘으면 법적으로 사실혼 관계가 인정돼 유산 상속은 물론 연대 채무까지 적용하는 정책을 폈다.

그 배경에는 1970년대 청년 사이에 자유주의 바람이 불고

가톨릭에서 비롯된 전통적 가치관이 급격히 붕괴되면서 동거가 크게 늘어난 데 있다. 독립해 비싼 월세와 생활비를 감당하고자 연인끼리 함께 사는 경제적 이유도 있었다.

1999년 조스팽 정부는 결혼보다 책임이 적고 동거보다 법적 혜택과 권리를 인정하는 '시민연대협약(PACS)' 제도를 만들어 많은 커플이 결혼 아닌 다른 길을 선택할 수 있게 했다. 결혼보다 보편적인 이 법적 제도는 복지, 교육, 세금 등은 결혼과 같은 보장을 받지만 관계가 끝났을 때는 둘 사이의 단순한 합의로 법적 책임 없이 헤어질 수 있다.

유명한 시민연대협약 커플로는 프랑수아 올랑드 대통령과 방송 기자 발레리 트리에르바일레가 있다.

올랑드는 그녀를 "내 인생의 여인"이라 치켜세웠고, 트리에르바일레는 "프랑스의 새 대통령과 동반자라는 사실이 자랑스럽고, 프랑수아와 삶을 공유하는 것이 행복하다"라며 지지했던 시절이 있었다.

트리에르바일레는 올랑드가 대통령이 되면서 '퍼스트 걸 프렌드'라는 다소 독특한 위치에 올랐다. 대통령 궁에 살며 수행 인원을 쓰지만 20년 넘게 정치부 기자로 일한 경력을 살려 케이블 방송국에서 정치 프로그램을 진행했다.

그들의 관계는 잘 알려졌다시피 올랑드 대통령이 밤마다 오토바이를 타고 연인 가예의 집을 찾는다는 보도가 나오며 간단히 깨졌다. 이를 두고 불륜으로 볼 것이냐, 자연스러운 이별로 볼 것이냐도 첨예한 논쟁의 소재였다.

하지만 '퍼스트 걸 프렌드'든 뭐든 상대방을 비겁하게 속인 일이 문제지, 결혼하지 않은 사이라서 쉽게 이별했다고 생각하기는 어렵다.

위노나 라이더, 케이트 모스를 거쳐 바네사 파라디와 14년을 함께하며 아이 둘을 둔 배우 조니 뎁은 결혼하지 않은 채 그녀와 결별했다. 그러다 스물세 살 어린 할리우드 미녀 엠버 허드와 마침내 결혼 계약서에 사인했지만, 불과 1년여 만에 폭행 사실까지 드러나며 이혼 소송을 당했다. 조니 뎁이 인생을 돌아본다면 동반자는 과연 누구라 할 수 있을까?

함께할 사람은 어떤 형태든 함께한다

전통적 사고방식을 고수하는 사람들은 "동거만 고집하면서 결혼하지 않는 일은 상대와 자녀를 책임지지 않으려는 비겁한 발상일 뿐이다"라고 비난한다. "결혼할 만큼 사랑하지 않기 때문에 상대방이 원해도 하지 않는 것"이라고 주장한다.

그런 사람들의 염려(?)를 반영해 한국 법에서도 사실혼 관계를 인정하고 있다. 2016년 여름, 모 연예인이 사실혼을 일방적으로 파기했다는 이유로 소송을 당했다.

국내 법률은 '사실혼'을 "혼인 신고 하지 않고 사실상 혼인 생활을 하며 동거하는 남녀 관계"로, 과거 판례에서는 "주관적으로 당사자 사이에 혼인 의사가 있고, 객관적으로 사회 관념상 가족 질서적인 면에서 부부 공동생활을 인정할 만한 혼인 생활의 실체가 있는 경우"라고 정의한 바 있다. 서로 혼인 의사가 확실했고 누가 봐도 부부관계라고 할 만큼 공동생활을 했어야만 원고가 승소할 수 있다. 즉, 프랑스의 시민연대협약보다 훨씬 제한적이고 인정받기 까다로운 조건이다.

과거에는 먹고사느라 식을 올릴 여유가 없어 함께 살다 평생의 연을 맺은 어르신들이 많았다면, 최근에는 자발적 동거·사실혼이 늘어나는 추세다.

대학가 '원룸촌'에는 부모에게 비밀로 동거하며 생활비도 아끼고 연애도 하는 남녀 대학생이 넘쳐 난다는 소식이 '사회 문제'로 나타난 적이 있었다. 지금도 집계만 제대로 되지 않을 뿐, 동거 커플은 크게 늘어나는 추세이며 그들이 결혼하지 않고 계속 동거를 선택할 확률도 높다.

하지만 가족이 아닌 영원한 연인이고 싶은 마음으로 함께한다고 해서 둘의 관계를 가볍다고 말할 수 없다.

가령 자식들 간 관계와 재산 문제 때문에 동거만 하다 중·장년에 재혼한 부부, 시댁·처가와의 관습적 관계가 부담스러워 혼

선택하지 않을 자유

인 신고는 하지 않은 채 동거하는 젊은 커플도 있다.

시숙 커플이 그런 관계다. 평생을 함께 지내고 있지만 아이도 없고 법적 부부는 아니다. 하지만 그 때문에 서로의 가족과 어색할 일은 전혀 없다. 행사 참여, 관계 유지가 의무가 아니니 만나고 싶을 때 만나고, '아가씨', '올케' 대신 서로의 이름을 부르며 가깝고도 존중하는 친구들처럼 지내는 관계가 수십 년째 유지 중이다.

아시아에서 개방적인 홍콩 분들이라 동거를 시작할 때도 주위의 큰 반대는 없었다고 한다. 우리나라에서 사실혼을 원하는 커플들이 지향하는 관계가 아닌가 싶다.

또, 가족들에게는 독신, 친한 소수의 지인들 앞에서는 부부처럼 보이는 비밀스러운 커플이나 각각 다른 나라에 살면서 가끔 함께 지내지만 공동의 집과 살림을 둔 '기러기 부부'와 비슷한 관계도 있다. 뭉뚱그리자면 이 모든 진득한 사이를 새로운 파트너 관계로 볼 수 있다. 프랑스의 시민연대협약 같은 정식 명칭이 아직 없을 뿐이다.

결혼할 상대방이 동거 경험이 있다면 배신감을 느낄 것 같다는 사람이 많지만, 자신이 사랑하는 연인과 살아 볼 기회가 있다면 마다하지 않을 사람도 꽤 있을 것이다.

동거·사실혼이 유행하면 함부로 만나고 헤어질 거라 예상하지만 프랑스 시민연대협약을 보면 2013년 기준, '협약 파기율

(33.1%, 프랑스 국립인구통계연구소 INED)'이 '이혼율(44.2%, 프랑스 국립통계경제연구소)'보다 낮다. 최근 몇 년 사이 이혼율이 빠르게 시민연대협약 파기율로 옮겨 가는 추세이니 어떤 외형을 선택하든 함께할 사람은 함께, 헤어질 사람들은 헤어진다는 이야기다.

혼인 신고보다 아름다운 합의

동명 서적을 바탕으로 한 영화 〈그는 당신에게 반하지 않았다〉에서 동거 7년 차인 닐(벤 애플렉 분)과 베스(제니퍼 애니스톤 분)는 결혼 문제로 갈등을 겪는다. 현재에 만족하며 프러포즈를 하지 않는 닐을 향한 베스의 분노가 극에 달한 것이다. 베스는 자신을 사랑하지 않느냐고 닐에게 따지지만 사랑해도 결혼은 하고 싶지 않다는 답을 듣는다. 닐은 결혼이 얼마나 끔찍했는지 결혼식을 장례식으로 잘못 말하는 실수를 저지른다.

원작인 책에서는 오래 사귀고도 결혼하기를 거부하는 남자의 심리를 결혼할 만큼 그 여자를 사랑하지 않는 감정으로 분석했지만, 영화에서는 진실한 남자의 '결혼 공포증'쯤으로 치부하고 결국 결혼에 골인한다.

개인적으로 이 부분이 비약으로 느껴져 찝찝했는데, 이유가 뭐든 오래 결혼을 거부한 사람이 짧은 기간의 대화 몇 마디로 노선을 바꾸는 일은 극히 어렵기 때문이다.

선택하지 않을 자유

서양도 국가, 지역에 따라 문화가 다르지만 보통 결혼이란 두 사람이 가정에 뿌리를 묻겠다는 약속이다. 즉 주말에는 부부의 데이트, 아이와 놀아 주기, 가족끼리 식사, 친구 가족과의 파티 등으로 보내는 일상이 대부분이다.

동양은 대개 양가의 관계 맺기로 정의한다. 그러나 동서양 모두 이혼 시 재산 분할, 유산 상속 면에서 배우자를 최우선으로 고려한다. 동거·사실혼은 그 정도 결심에 이르지 못한 사람들이 택할 수 있는 중간 지대일 수 있다.

법적으로 결혼을 하든 안 하든 어느 쪽이 더 바람직하다, 더 잘 지속될 것이라 판단할 수 없다. 개인의 성향, 가치관에 따라 함께하는 방식에 차이가 있을 뿐이다. 스스로 어떤 사람인지 파악하고, 실천할 수 있는 만큼만 약속하는 일도 인생에서 중요한 판단일 것이다.

무엇보다 서로에게 법적 책임만 강조하기보다 자발적으로 합의한 약속을 지켜 나가는 게 인간 대 인간 관계를 훨씬 아름답게 만들어 준다고 생각한다.

결혼이 축복이라면
비혼도 축복

○

○

•
•

K는 2000년대 초 부모님께 비혼을 선언하고 독립하려 하자 어머니가 자책하시며 우셨다고 한다.

"엄마 아빠가 잘 사는 모습을 보여 주지 못해서…… 혼수 준비도 제대로 못 할 형편이라 그러지?"

K는 그 영향도 일부 있었지만 그 때문만은 아니었다며 속상해했다. 하지만 요즘은 스스로 유복하게 자랐다고 생각하는 사람들 사이에도 비혼이 많다.

남자인 D는 "왜 결혼을 꼭 해야 돼?"라고 되묻는다. 그 질문이 비혼의 가장 큰 이유다. 현재도 취미 생활하고 가끔씩 데이트하며 행복한 삶을 사는데 운명적으로 끌리지도 않는 사람과 엮여 '종손 역할'을 하고 싶지 않다고 했다. 스펙만 보면 결혼 정보 회사의 '일등 신붓감'인 S 역시 눈곱만큼도 자신의 기대치를 낮춰 가며 결혼할 의사가 없다.

"회사 여자 간부들 보면 자기보다 능력 없는 남편을 모시고 살아. 도우미를 쓰지만 육아, 살림도 어느 정도 해야 하고……. 1년에 몇 번씩 제사상 차리는 사람도 있어. 30대 중반에 학벌 좋고 전문직인 여자가 결혼하려면 선택지는 굉장히 좁아. 난 그렇게 살기 싫어."

국내에서 '비혼'이라는 용어를 처음 사용하고 비혼 여성들을 위한 홍보와 페미니즘 연대를 강화해 온 '언니네트워크'는 2007년 국내 최초로 합동 '비혼식'을 개최했다.

"우리는 비혼 여성입니다. 결혼하지 못한 미혼 여성이 아닌, 결혼하지 않은 상태를 선택한 비혼 여성입니다. 오늘 우리는 이 자리에서, 자유를 열망하는 이들의 축복과 함께, 비혼으로 홀로 또 함께 잘 살겠노라고 신성하게 선언합니다."

비혼 선언문을 낭독하고 주례사, 기념 촬영, 피로연이 차례로 이어졌다. 매년 울려 퍼지는 이 비혼 선언이 마치 1980년대에 운동권 청년들이 4.19 탑 앞에서 결혼 맹세를 했던 모습처럼 부자연스러워 보일 수 있다. 실제로 비혼 여성을 두고 남성들이 주로 모이는 일부 온라인 커뮤니티에서 '꼴값', '오크녀들' 같은 혐오 발언을 하거나 일부 기성세대는 '이기주의자', '매국노'로 폄하한다.

하지만 젊은 층 대다수가 '개인이 행복해야 국가가 행복하다'고 믿는 현대 자유 민주주의 사회에서 스스로 행복해지겠다는 사람을 굳이 혐오, 저주할 이유가 있을까?

비혼도 당당한 선택의 결과

변화는 활발하게 진행 중이다. 웨딩 업계에 몸담은 N의 말에 따르면, 최근 '스드메(스튜디오, 드레스, 메이크업)'를 혼자 하겠다고 알아보는 여성이 늘고 있다고 한다. 싱글에서 나아가 적극적으로 비혼을 선언하면서 아름답게 꾸민 모습을 기억에 남기고 싶어 한다는 것이다.

"부모님 설득해서 가까운 친척, 친구들과 오기도 해요. 흰 웨딩드레스에 구애받지 않고 '1940년대 영화 속 복고풍', '프리다 칼로' 스타일 같은 독특한 콘셉트를 정해서 드레스 입고 촬영하는 거죠. 전망 좋은 곳에서 식사도 하고 선물이나 비혼 축의금도 받아요."

나는 외국에서 결혼식을 올리느라 먼 데까지 와 준 하객들에게 축의금을 받지 않았다. 동생은 비혼주의자라 축의금 받을 일이 요원하다. 할머니께서는 뵐 때마다 "애! 내가 그동안 친척들, 친구 손자 손녀들한테 뿌린 돈이 얼마인지 아니?" 하며 진담

반, 농담 반으로 동생의 결혼을 종용하신다. 8촌 결혼식까지 참석하고 축의금을 내셨던 세대니 비혼은 '장부상 구멍'이란 시각도 없지 않을 것이다.

언론몰이인지, 요즘은 비혼 당사자가 결혼한 지인들에게 축의금을 돌려 달라는 요구를 한다는 뉴스를 보았다. 아직까지 주위에서 그런 모습은 보지 못했지만 비혼을 결정한 상당수가 그동안 낸 축의금 총액을 떠올리며 아쉬워하는 건 사실이다. 더구나 별로 친하지도 않은 사람들이 결혼식에 초대하면 공중으로 날아갈 축의금 때문에 뜨악하다고 한다. 같은 이유로 돌잔치도 이제 직계 가족과 가까운 친지만 모이는 파티가 되었다. 싱글이 대다수인 직장에서 결혼한 사람이 둘째 아이 돌잔치에 동료들을 초대하자 '너무한 거 아니냐?'라는 한숨이 터져 나왔다는 이야기도 들었다. 여기에서 중요한 점은 비혼, 무자식도 당사자에게는 적극적 선택인데 사회적으로 인정, 축하를 받지 못한다는 박탈감이 형성됐다는 것이다.

정책적으로도 비혼인 지원은 아직 미미한 차원이다. 오히려 '싱글세' 발상을 비롯해 비혼은 국가적으로 싸워야 할 어떤 적으로 몰리기도 한다. 심지어 국세청이 한 결혼 정보 회사와 업무 제휴를 맺어 직원 본인과 직계 가족에게 할인된 가격으로 서비스를 이용할 수 있게 해 결혼을 장려한다는 웃지 못할 뉴스까지 있었다.

지극히 자연스러울 비혼

선진국에서는 비혼이 폭발적으로 늘어난 현상이 일찌감치 나타났다. 종교에 헌신하지 않는 한 반드시 결혼해야 하고, 가문의 이름을 잇고 자식이 사생아가 되는 일을 방지하는 결혼의 순기능이 희미해지면서부터다. 먼저 결혼을 거부하기 시작한 건 여자들이다. 프랑스, 미국에서는 1970년대부터 혼인율이 급격히 떨어졌는데 연구에 의하면 여성의 교육 정도, 전문 자격 취득과 직접적 반비례 관계에 있다.

대학 입학 자격이 있는(고졸) 35~44세 미국 여성 중 독신자는 8%, 학사 이상 학위 취득자는 19%였다. 프랑스에서는 40~49세 남녀 혼인율에 관해 "남성들은 전문 자격 소유에 비례하고 여성들은 이에 반비례한다"라는 결론이 나왔다. 여성들만 보자면 비전문 노동자와 수공업자는 독신 비율이 11%, 전문 자격 소유자는 16%, 고용직 17%, 중간직 23%, 고위직 27%로 나타났다.

지역에 따라서도 독신 비율은 차이를 보이는데 1981년에는 파리 남녀 3분의 1 이상이 독신이었다.

나디아 유세프와 하틀리의 연구에 따르면, 세계 80개국 공통적으로 15~24세의 기혼 여성 비율이 높을수록 여성 문맹 비율, 남녀 간 불평등 계수도 높아진다는 사실을 밝혀냈다.

즉 교육을 많이 받을수록, 전문 자격이 있을수록, 조건이 좋은 직업에 종사할수록, 도시에 살수록 여자는 결혼 아닌 삶을 선택한다. 약 반세기 전 선진국에서 일어난 현상이 최근 한국에서도 눈에 띄게 늘고 있을 뿐이다. 또 이는 앞으로 중국, 인도, 동남아 등의 대도시를 중심으로 퍼질 것이다.

개인적으로 비혼 선언, 비혼식, 비혼 축의금 등 유행처럼 번지는 비혼인들의 자기주장은 결혼 압박의 반작용 성격이자 일시적인 현상이라 예상한다.

서구 선진국들처럼 비혼이 아무렇지 않은 인간의 삶 중 한 가지가 되고, 그것이 출산 유무와 관계가 없고, 어떤 선택을 하든 인간의 존엄성을 지키는 데 큰 장애 요소가 아니라면, 굳이 할 필요 없는 일들이기 때문이다. 다만 그때까지 비혼을 바라보는 여러 혐오 시선에 맞서 싸워야 할 불편이 있을 뿐이다.

가족의 개념을
새로 쓰다

○

○

●

●

나는 주위 사람들이 의외라 할 정도로 낯가림이 심하다. 유치원
생 때 산타클로스 할아버지로 분장한 원장님을 보고 울음을 터
뜨렸고, '국민학교' 입학식 날에는 처음 본 담임 선생님께 화장실
간다는 말씀을 못 드려 그 자리에서 '실례'했다.

잡지 기자로 일할 때는 인터뷰할 사람의 긴장을 풀어 줘야
하는데 오히려 상대방이 "낯 많이 가리시죠? 마음 편하게 하세
요"라고 했을 정도다.

이런 성격 때문에 먼 친척까지 다 모이는 결혼식이 부담스
러워 요즘 말하는 '스몰 웨딩'을 홍콩에서 했다. 그런 내가 시댁
이라니!

시어머니는 '사교의 여왕'이라 불릴 정도로 밝고 친절한 분

이지만 낯가림 심한 외국인 며느리인 나에게는 부담으로 다가왔다. 언제나 원했다던 친딸을 대하듯 목도리를 감아 주거나 볼에 뽀뽀하시는 방식으로 살갑게 대하셨던 것이다.

게다가 시아버지는 형제가 대단히 많았다. 온 친척이 모이는 날은 명찰을 달기 전에는 누가 누군지 알아보기 어려울 정도였다. 급히 구한 신혼집은 시댁에서 엎어지면 코 닿을 곳이었다. 동네는 시댁 친척의 반 이상이 살아서 마치 집성촌 같았다. 주말에 동네 카페에 맨얼굴로 나갔다가 시숙을 만나는 일이 흔했다.

'새 식구'를 향한 뜨거운 관심 때문에 정신보다 몸이 먼저 흔들렸다. 알레르기, 독감, 위경련 등 각종 스트레스성 질환에 시달리며 결혼을 후회하거나, 최소한 그 동네에서라도 탈출을 꿈꾸는 나날이 계속되었다. 이렇듯 잘해 주려는 새 가족도 부담스러운데, 적의까지 표하는 '시월드'라면 어떻겠는가?

가족 혹은 남남인 사람들

우리나라 싱글들이 결혼을 결심하지 못하고, 가장 두려워하는 이유 중 하나가 시댁, 처가와의 관계다. 워낙 흉흉한 사례가 넘쳐 나 사족을 붙일 필요도 없을 것 같다. 가까이 사는 처가의 참견, 잔소리가 두렵다는 남자도 느는 만큼 남녀를 불구하고 남의 가족을 내 가족으로 여기는 일은 보통이 아니다.

남편은 날 사귄 후 곧바로 부모님을 소개했기 때문에 시부모님과 알게 된 지 벌써 15년이 넘었다. 하지만 '어쩌면 가족이 될 수 있지 않을까?' 싶은 생각이 든 건 최근이다.

이사 가는 데 간격이 생겨 몇 달을 시댁에 얹혀산 일이 계기가 됐다. 서로의 부스스한 머리, 맨얼굴, 나쁜 생활 습관 등을 어쩔 수 없이 마주하며 '이분들도 민족과 나이를 넘어 같은 사람이구나' 하는 생각이 들었다. 접시를 깨거나, 실수로 화장실 문을 열고, 쌀벌레를 피해 이리저리 뛰는 등 여러 소동을 겪으며 속엣말을 많이 거르지 않고 하는 관계로 발전했다.

그리고 서로를 위해 차를 끓이거나 생일 카드를 쓰는 등 시쳇말로 '깨알 같은' 성의를, 마음에서 우러나 표현하게 됐을 때 '친부모나 형제만큼은 아니지만 남은 아니다'란 느낌이 들었다.

남과 가족이 되는 일은 훌륭한 변죽이나 예의로 전부 해결할 수 없다. 오히려 그런 요소들이 걷히고, 아픔, 지저분함, 고마움, 미안함이 뒤죽박죽됐을 때 서서히 가능성이 보이는 것 같다.

그리스에 사는 지인 A 커플은 함께한 지 10년이 넘었지만 결혼하지 않았다. A는 캐나다에서 산토리니에 관광을 갔다가 우연히 만난 그리스 남자와 사랑에 빠져 이주를 감행했다. 그녀는 남자 친구의 가족과 매주 꼬박꼬박 식사하고, 그의 부모님을 'mother', 'father'라고 불렀다. 처음에 친부모님인가 했는데 결혼하지 않은 남자 친구의 부모님이었고 법적 효력조차 없는 생판 남이었다. 서양에서도 흔한 일이 아니었다. 조심스럽게 왜 그렇게 부르냐고 했더니 "내가 그렇게 생각하니까"라고 대답했다. 어떤 강요도 없었다.

사실 그녀는 마음이 바뀌면 언제든 자기 나라로 돌아갈 수 있었다. 그때 난 처음으로 혈연이나 법적 구속력이 없어도 가족이 된다는 사실을 어렴풋이 깨달았다.

'패밀리'를 받아들이는 데 필요한 것

골목 모퉁이에서 만난 버려진 강아지가 평생의 반려견이 되는 일, 입학식 날 인상이 무서웠던 친구와 세상에서 둘도 없이 가까워지는 일처럼 삶에 어떤 인연이 기다릴지 모른다. 미리 어마어마한 공포와 증오를 품을 필요는 없다.

'결혼하면 천사같은 시부모님이나 장인어른, 장모님이 등장해 당신의 굳은 마음을 봄날처럼 녹여 가족이 될 수 있다'라는 판타지를 이야기하는 건 아니다.

오히려 그 반대가 될 확률도 높다. 가족같이 느껴지지 않으면 가족이라 생각하지 않아도 좋다. 시대에 따라 가족이란 관념은 바뀌지만 나라, 문화에 따라서도 배우자의 가족을 내 가족으로 인식하는지 여부가 달라진다.

현대 북유럽처럼 개인주의의 뿌리가 깊은 지역에서는 시부모나 장인 장모를 이름으로 부른다. 그저 남편, 아내의 부모라고만 여기는 나라도 많다. 형제는 말할 것 없다. 그쪽에서도 억지로 가족이란 인식을 강요하지 않기 때문에 갈등의 소지가 거의 없다. 결국 가족이란 피를 나눴든 나누지 않았든 구성원들이 어떻게 인식하느냐의 문제다. 이탈리아 마피아는 누구보다도 '패밀리'를 강조하지 않던가?

가족으로 받아들여야 한다는 압박감에 시달리기보다 '내가 사랑하는 사람의 가족이니 가능한 한 따뜻하게 대하자'라는 태도만으로도 충분하다.

다 귀찮고 내 피붙이가 최고이며 남의 식구와 엮이고 싶지 않다면, 우리나라 같은 환경에서는 공인된 장기적 관계를 만들지 않는 편이 좋을지도 모른다.

단지 오래 사귀기만 했는데도 상대방 부모가 시부모, 장인, 장모처럼 굴 수 있다. "식은 언제 올릴 거니?"라는 다그침에 시달리거나 "결혼도 안 했는데 뭐하는 짓이니?"라고 간섭하는 사람이 등장할 수 있다. 동거하면서 그 때문에 시달려서 헤어졌다가 재결합했지만 양가에 비밀로 하는 커플도 보았다.

가족이기 전에 인간에 대한 예의를 지킨다면 큰 갈등은 줄일 수 있을 것이다. 하지만 문제는 각자 생각하는 예의의 기준이 너무 다르거나, 심지어 '가족 사이는 예의를 차리지 않아도 된다'

라고 생각하는 사람이 있기 때문에 벌어진다. 노화와 함께 가장 먼저 나이 먹는 게 뇌신경 세포인 뉴런이라고 한다. 쉰, 예순 넘게 살아온 방식이 진리라고 믿는 어른들은 쉽게 바뀌지 않는다.

그나마 변화를 가져올 요소는 허심탄회한 대화뿐인 듯싶다. 시어머니와 갈등이 크게 불거졌을 때 단둘이서 반나절이 넘도록 대화한 적이 있다. 시어머니는 여섯 살에 기숙 학교에 들어갔고 부모님이 거의 찾아오지 않으셨다고 했다. 가장 갖고 싶은 것이 따뜻한 부모님과 왁자지껄한 가족이어서 결혼 후 대가족인 시댁이 생겨 너무나 기뻤다고 했다.

인간적 연민이 들면서도 내 경우와 반대라 놀랐다. 난 어린 시절 몇 년 동안 부모님 외에도 할아버지, 할머니, 삼촌, 고모, 일하는 분, 놀러오는 사촌동생과 객식구까지 바글바글한 집에서 자랐다. 또한 가족을 갖고 싶은 대상으로 전혀 생각해 보지 않았다. 시어머니께 나에게 필요한 건 프라이버시라고 말씀드리면서 서로의 생각 차이를 안 뒤 조금씩 어색하나마 노력하게 되었던 것 같다.

통계청 자료에 따르면 국내 1인 가구는 2010년 이미 4인 가구 비율을 앞질렀고 2015년 27.2%, 5백만 가구를 돌파했다. 자녀가 어릴 적 도시로 유학을 떠나 취업을 해 돌아오지 않는 경우, 세계 사방팔방으로 흩어져 보지 못하는 가족도 있다. 형제자

매 없는 외동도 급격히 늘었고 높은 이혼율로 인해 조손은커녕 부모 자식도 모이기가 힘든 가정이 흔하다.

가까이 살지 않는 이상 우리도 서양, 일본처럼 결혼하더라도 부모 자식 세대가 자연스럽게 소원해질 수밖에 없다. 초상이어도 친지가 다 모이는 경우는 줄어들 것이다.

따라서 누구를, 어느 정도 가족으로 받아들일 것인가는 이제 세대와 관계없이 각자의 선택과 노력에 달린 문제다.

선택하지 않을 자유

'내가 사랑하는 사람의 가족이니
가능한 한 따뜻하게 대하자'라는
태도만으로도 충분하다.

오롯이 나의 행복을 위해
선택하라

○
○

•
•

보건복지부 저출산고령사회위원회가 만든 공익 광고를 보았다.
'아~ 결혼하고 싶다.'
"선배가 말했잖아. 결혼 무조건 늦게 하라니까?"
"야! 사랑이 밥 먹여 주니? 연봉도 적다며?"

　　청년들이 결혼에 다가갈 때마다 가족, 친구, 동료가 나타나
끼어드는 내용이다. 그리고 '누구를 위한 결혼일까요? 참견 대
신 응원으로, 눈치 대신 존중으로……'란 메시지로 끝난다. 혹시
코믹 패러디가 아닌가 싶을 정도로 발상부터 목적까지 어이없는
공익 광고였다.

　　실존을 의심하게 하는 위원회 이름이 말하듯 '결혼할 사람들
주위에서 훈수 두며 훼방 말고, 웬만하면 결혼해 애를 낳게 하

　　　　　　　　　　　　　　　　　선택하지 않을 자유

라'는 교훈을 깔고 있다. 저변에는 '이것저것 따지지 않고 결혼부터 하게 하면 아이는 자연히 낳을 것이다'라는 발상이 있다. 조선 시대, 노비 숫자를 늘리기 위해 갖은 편법을 쓰던 사대부들이 연상된다. 그런 광고가 '공익'이라니 가벼운 소름마저 돋았다.

결혼 제도를 피하는 사람들

2012년 개봉한 다큐멘터리 〈두 개의 선〉은 연애 8년, 동거 2년 차 커플이 준비하지 않은 임신을 하면서 겪은 이야기를 다룬다. 결혼 제도, 가부장제, 성차별과 관련해 자연스럽게 문제를 제기한 작품이다.

주인공 지민은 다큐멘터리 감독, 철은 시간 강사다. 둘은 동거만으로 행복하고 각자 결혼하기 싫은 성장 배경이 있다. 매번 임신 테스트를 하면서 한 개의 선만을 간절히 바라던 지민에게 어느 날 두 개의 선이 나타난다. 배는 불러 오고 둘은 임신 때문에 하는 결혼은 않기로 했지만, 아이의 성을 정하는 일부터 질병에 대한 국가의 지원까지 수없는 당혹스러움과 마주한다.

국내에서 결혼이라는 제도를 피해 사는 커플이 맞닥뜨리는 환경과 심리 변화를 감독이자 주인공인 여성의 시각으로 세밀하게 묘사해 잔잔하지만 깊은 반향을 일으켰다.

영화가 만들어지고 5년 사이 "연애만 하고 사는 건 서양 이야기지!", "내가 결혼하기 싫은데 해야 돼?"란 언쟁이 집마다 벌어질 정도로 결혼이라는 주제를 두고 저마다 목소리를 높이게 됐다. 선택지도 다양해졌다.

잡지 〈코스모폴리탄〉 창업자 헬렌 브라운이 쓴 《나는 초라한 더블보다 화려한 싱글이 좋다》란 책이 나온 지도 20년이 넘었다. 그사이 화려하지 않은 싱글, 황혼 이혼자, 비혼주의자, 비혼모, 동거인 등 과거의 '비주류들'은 문 밖으로 나왔고 사르트르 말처럼 실존하며 살고 있다.

정상적 가정이란 없다

경희대학교 사회학과 송재룡 교수는 〈세계일보〉와의 인터뷰에서 "'정상적인 가정은 이런 것'이라고 정의할 수 없는 시대"라고 말했다. 또한 "인류 문명사로 봐도 부모와 그 소산인 자녀로 이루어진 가정, 또는 삼대가 모여 사는 가정 유형을 가장 보편적인 형태라고 보기 어렵다"라는 말도 했다.

즉 더 이상 획일적 형태만을 정상이라 볼 수 없고 과거보다 훨씬 다양한 유형이 나타난다는 뜻이다.

결혼을 거래로 본다면 '장사꾼 같은 마음으로 어떻게 숭고한 사랑의 결정체인 결혼을 말하겠느냐?'라고 반발할 사람들이 있을 것이다. 그러나 사랑이 결혼의 첫 번째 조건이어야 한다는 주장 역시 19세기에나 등장한 사상이다. 결혼은 아주 오래된 거래이며 사회학적 '형평 이론'에 따르면 특정 자산, 훌륭한 지성, 뛰어난 미모, 타인을 매료하는 성격, 자본주의 사회에 필수적인 재산 등을 다른 이의 자산과 교환함으로써 상호 균형을 이루고 시너지 효과를 일으키는 데 목적이 있다. 이 모두 자신이(때로는 자손까지) 행복하게 잘 살기 위한 일인데 상대가 적당하지 않거나 없다면 거래 자체가 성립하지 않는다.

서구에서는 결혼과 출산이 절대적 인기를 끌던 시대가 이미 지난 세기에 저물었으며 우리나라는 저무는 중이다.

그렇다면 개개인은 어느 길을 선택해야 할 것인가? 혹은 어떤 길을 거부할 수 있어야 할까? 사회는 또 어떻게 해야 할까? 나 역시 고민했고, 현재도 하고 있으며 주위 많은 사람들도 시시때때로 생각하는 주제다.

"전 그냥 그 사람과 같이 있고 싶어요. 결혼이란 형식을 빌리든 아니든 상관은 없어요. 그런데 전형적인 한국식 며느리, 아내, 엄마 노릇은 하고 싶지 않아요. 만약 그 사람과 날 닮은 아이가 낳고 싶어지면 낳을 수 있었으면 좋겠어요. 설령 우리 중 하나가 돈을 벌지 못하거나 뜻이 맞지 않아 헤어진다 해도 큰 걱정 없이 키울 수 있는 사회였으면 좋겠어요."

어느 날 서른다섯 살 후배 J가 스스럼없이 내뱉은 말 안에 실마리가 있는 게 아닐까?

이미 존재하고 살고 있는 사람들이 행복해질 사회가 되어야 한다. 국가적으로나, 개인적으로나 한쪽만이 해답이라는 편견에서 벗어나는 태도가 중요하다. 남과 여, 이성애자와 동성애자도 마찬가지다. 그러나 기득권을 갖고 있는 쪽과 다수자, 갖지 못한 쪽과 소수자가 똑같이 이해하고 양보한다면 그 또한 공평하지 않기에 전자가 후자를 더 이해하고 배려하는 노력이 필요하다.

개인 면에서도 스스로를 핍박하는 강박에서 벗어났으면 좋겠다. 미혼이라서 불행하고 원하는 사람과 결혼만 하면 행복해진다는 사람도 있고, '결혼하지 말았어야 되는데 왜 떠밀리듯 했을까' 하는 후회 속에 매일을 사는 사람도 있다.

여러 입장을 종합해 봤을 때나 내 경험을 돌아봤을 때 결혼, 비혼, 동거 등등 온갖 관계의 형태 자체는 그 사람의 행복 지수를 단숨에 바꾸지 않는다. 잠시 이벤트성 변화가 있을 수 있어도 결국 자신과 주위 사람들과의 관계 문제로 돌아간다.

수많은 작은 선택, 불합리한 선택을 거부하는 선택이 커다란 결과를 만들고, 그것이 자신의 미래를 바꾼다. 부당하거나 스스로 도저히 참지 못할 일은 거부하고, 행복해질 수 있는 선택은 적극적으로 하는 태도가 10년, 20년 후에는 커다란 차이를 불러온다고 믿는다.

편견과의 싸움도 중요한 과제다. 한때 유행어처럼 번진 '화려한 싱글'이나 '골드미스'란 개념은 비혼이어서 기혼보다 더 행

선택하지 않을 자유

복해야 한다는 억압이 묻어 있는 것인지도 모른다. '소박한 싱글', '브론즈미스'도 충분히 행복해질 수 있다, 설령 불행해지더라도 그 이유는 '결혼을 안 해서'가 아니어야 한다. 마찬가지로 오래된 법 제도 안에서 안정감을 느끼고, 작은 세상을 만들어 가는 기쁨에 대한 욕망도 충분히 가치 있음을 인정해야 한다.

무엇보다 자신이 원하는 삶을 살기 위한 구체적이고 주체적인 준비가 필요하다. 국제연합(UN)은 한국이 2050년에 65세 이상 고령층 비율이 41.5%로 늘어날 것으로 전망했다. 바로 나와 독자들의 미래다.

사회적으로도 더욱 빨라질 변화에 적극적으로 대응해 합의를 이끌어 내고 재정적 준비를 해 놓아야 한다. 동시에 결혼하거나 안 하거나, 아이를 낳거나 안 낳거나 행복할 수 있는 시스템을 갖춰야 할 것이다. 가부장적 결혼 문화에서 남녀 모두가 해방되고, 동거인, 편부모 가정 자녀, 동성애자 누구나 인격적 권리를 누릴 수 있고, 아이를 키우면서도 일할 수 있고 능력을 계발할 수 있는 사회가 되기를 간절히 바란다.

| 참고 문헌 |

◎ 공공기관 간행물
◆ 논문 및 기사
● 단행본
△ 기타

PART 1 　결혼, 선택하거나 선택하지 않을 자유

결혼 없는 삶, 괜찮은 걸까?

◎ 한국보건사회연구원, 〈혼인 동향 분석과 정책 과제〉, 2013. 08. 23

◆ 국민일보, 「20대 초반 5명 중 1명, 평생 미혼 가능성 높아」, 2013. 09. 03

결혼 제도, 득과 실을 따져라

● 시몬 드 보부아르 저, 조홍식 역, 《제2의 성 (하)》, 을유문화사, 2016

결혼 적령기는 선택할 수 있다

◎ WHO, 〈World report on ageing and health〉, 2016. 01. 20

◆ 헤럴드POP, 「인류 평균 수명 한계 "의료 기술 발전으로 최대 120세까지 늘어나…인간이 살 수 있는 한계 수치"」, 2014. 10. 23

평생 한 사람을 사랑할 수 있을까?

◎ 통계청, 〈2015년 혼인·이혼 통계〉, 2015. 04. 07

● 양 얼처 나무·크리스틴 매튜 공저, 강수정 역, 《아버지가 없는 나라》, 김영사, 2007

△ 박종호 저, 〈공화국의 예술 - 버려진 아이 3. 사생아, 사랑의 아이〉,
민음사 카페 연재, 2013. 11. 19

△ 중화인민공화국 혼인법 제1조, 1950. 05. 01

남녀 모두 행복한 결혼, 가능할까?

◎ WEF, 〈Global Gender Gap Report〉, 2015. 11. 19

◆ 중앙일보, 「"결혼 안 해도 그만" 한국 61% 일본 53%」, 2016. 05. 30

● Lena Martinsson, Garbriele Griffin, Katarina Giritli Nygren
《Challenging the Myth of Gendar Equality in Sweden》,
University of Bristol, 2016

혼자서도 행복해야 결혼해도 행복하다

◆ 헤럴드경제, 「안녕한家 ① 만혼·비혼 급증…"결혼, 꼭 할 필요 있나
요?"」, 2016. 05. 30

◆ Emotional Suppression in Early Marriage Actor, Partner, and
Similarity Effects on Marital Quality, 2016. 04. 05

나와 비슷한 사람 VS 나와 다른 사람

◆ 동아일보, 「'성격 궁합' 있는 것 아시나요」, 2005. 11. 11

◆ 동아일보, 「차분男+차분女는 잉꼬, 신중男+덤벙女 궁합은?」, 2012.
05. 12

◆ Complementary Needs in Mate-Selection: An Analytic and
Descriptive Study, 1954

● 공병호 저, 《공병호, 탈무드에서 인생을 만나다》, 해냄출판사, 2016.
05. 05

이런 결혼에는 브레이크를 걸어라

◆ Agnew, Christopher R, 〈Social Influences on Romantic
Relationships〉, 2014. 10. 27

△ 대법원 판결, 95므90, 1990. 04. 27

PART 2 온전히 나로부터 시작하는 삶

비혼의 탄생과 역사
* Journal of Political Economy, 〈The Marriage Market in Babylonia According to Herodotus Histories〉, 2006, 08
● 장 클로드 볼로뉴 저, 권지현 역, 《독신의 수난사》, 이마고, 2006
● 프리드리히 니체 저, 장희창 역, 《차라투스트라는 이렇게 말했다》, 민음사, 2004
● Ellen Karolina Sofia Key, Ellen Key, Arthur G. Chater, 《Love and Marriage》, Putnam, 1911
● Søren Aabye Kierkegaard, 《Enten-Eller》, 1843
△ 《성종실록》 249권, 성종 22년 1월 6일 계미 5번째 기사
△ 《성종실록》 276권, 성종 24년 4월 25일 기미 5번째 기사

결혼이 현실이듯 비혼도 현실이다
● 오쿠다 히데오 저, 임희선 역, 《걸》, 북스토리, 2014

비혼의 롤 모델은 현재진행형
◆ 동아일보, 「"소중한 아내"… 기혼男, 나이 들수록 행복감 커져」, 2015. 12. 09
◆ 연합뉴스, 「"결혼, 꼭 해야 하나"… 5년새 SNS서 '비혼' 700%↑」, 2016. 04. 25

싱글과 기혼, 서로의 선택을 존중하라
◆ 세계일보, 「청년이 미래다 - 선진국도 캥거루족 확산」, 2016. 02. 24

관계를 연결하는 기술, 끊어내는 기술
● 카타리나 칠코프스키 저, 유영미 역, 《코코 샤넬 : 내가 곧 스타일이다》, 솔, 2005

결혼과 출산은 별개의 사건이다

◦ CIA, 〈The World Factbook〉, 2014

◦ OECD, <Doing Better For Families>, OECD Publishing, 2011

✦ ABC News, 「Fertility Rates Drop to Lowest Level Measured in the US, Says the CDC」, 2016. 08. 09

● 자크 아탈리 저, 편혜원 역, 《21세기 사전》, 중앙M&B, 1999

모든 순간, 나를 위해 쓰고 싶다

● Alison Weir, 《The Life of Elizabeth I》, Ballantine Books, 1996

● FLynn M Hamilton, Wyatt North, 《Lorence Nightingale: A Life Inspired》, Create Space Independent Publishing Platform, 2015. 04. 17

● Vivian J. Mc Gill, 《Schopenhauer Pessimist and Pagan》, Kessinger Publishing, 2008

불안한 노후에 맞서는 재테크

✦ 한국경제매거진, 「더 높은 비상의 조건, 경제적 자유」, 2016. 08

PART 3 결혼과 비혼에 관한 새로운 태도

비혼인의 행복한 커뮤니티 라이프

◆ 세계일보, 「가족, 우리가 사는 세상 - 비혼·1인 주거 공동체 "우리
도 가족이에요"」, 2016. 01. 31

● 패밀러 클라크 키어우 저, 정연희·정인희 공역, 《재키 스타일》, 푸
른솔, 2003

제도보다 '함께'를 선택하는 방법

◎ INSEE, \<Statistiques D'état Civil Sur les Naissances\>, 2015

◆ 아주경제, 「취재현장 - 올랑드의 섹스 앤 더 프랑스」, 2014. 01. 22

△ 대법원 판결, 2009다64161, 2009. 12. 24

결혼이 축복이라면 비혼도 축복

◆ 오마이뉴스, 「"결혼식? 아니 우린 비혼 세상을 꿈꾼다"」, 2007. 03.
11

● 앙드레 미셸 저, 변화순·김현주 공역, 《가족과 결혼의 사회학》, 한
울아카데미, 1991

가족의 개념을 새로 쓰다

◎ 통계청, \<2015년 하반기 지역별 고용조사\>, 2016. 06. 29

오롯이 나의 행복을 위해 선택하라

◆ 세계일보, 「가족, 우리가 사는 세상 - 비혼·1인 주거 공동체 "우리
도 가족이에요"」, 2016. 01. 31

참고 문헌

결혼과 비혼에 관한 새로운 태도

선택하지 않을 자유

2016년 10월 24일 초판 01쇄 인쇄
2016년 11월 03일 초판 01쇄 발행

—

글   이선배
일러스트   박지영

—

발행인   이규상
단행본사업부장   임현숙
책임편집   박혜정
편집팀   이소영 박혜정 정미애 윤채선
디자인팀   장주원 장미혜
마케팅팀   이인국 최희진 전연교 김새누리

—

펴낸곳 (주)백도씨
출판등록 제300-2012-170호(2007년 6월 22일)
주소 03043 서울시 종로구 자하문로 58 강락빌딩 2층(창성동 158-5)
전화 02 3443 0311(편집) 02 3012 0117(마케팅)
팩스 02 3012 3010
이메일 book@100doci.com(편집 · 원고 투고) valva@100doci.com(유통 · 사업 제휴)
블로그 http://blog.naver.com/h_bird 나무수 블로그 http://blog.naver.com/100doci
페이스북 · 인스타그램 100doci

—

ISBN 978-89-6833-111-4 03330
이 도서의 국립중앙도서관 출판예정도서목록(CIP)은 서지정보유통지원시스템 홈페이지(http://seoji.nl.go.kr)와 국가자료공동목
록시스템(http://www.nl.go.kr/kolisnet)에서 이용하실 수 있습니다.(CIP제어번호: CIP2016024715)